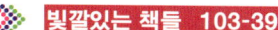
빛깔있는 책들 103-39

전 탑

글/천득염 ●사진/천득염, 이용관

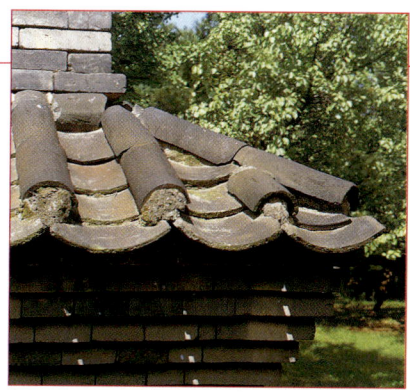

대원사

천득염 ───────

전남대학교 건축공학과를 졸업하고 고려대학교에서 박사학위를 받은 후 하버드 대학교 미술학과에서 박사 후 과정을 지냈다. 저서로는 『전남의 전통 건축』, 『운주사』, 『향토사의 이론과 실제』 등이 있으며 현재 전남대학교 건축학과에서 건축사와 건축론을 강의하고 있다.

이용관 ───────

신구전문대학 사진학과를 졸업하고 서울신문 출판부에서 근무하였다. 현재 여러 기업체 사보와 광고 사진 작업을 담당하고 있다.

전 탑

전탑의 기원	7
한국 석탑의 시원과 전탑	17
벽돌과 건축술의 변화	23
중국 전탑의 영향	29
한국 전탑의 특징	33
현존하는 전탑	43
모전석탑	67
맺음말	121
용어 설명	124
참고 문헌	127

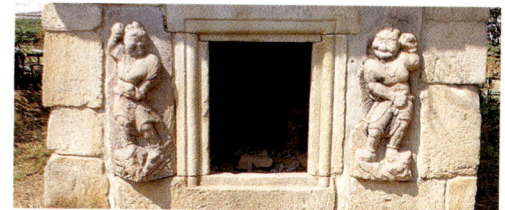

전 탑

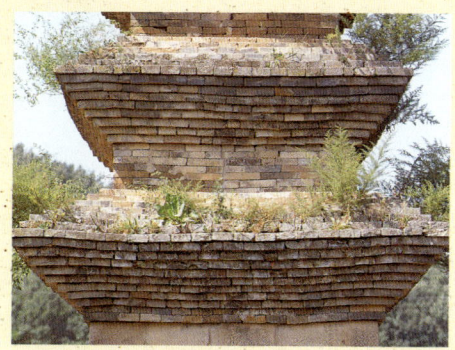

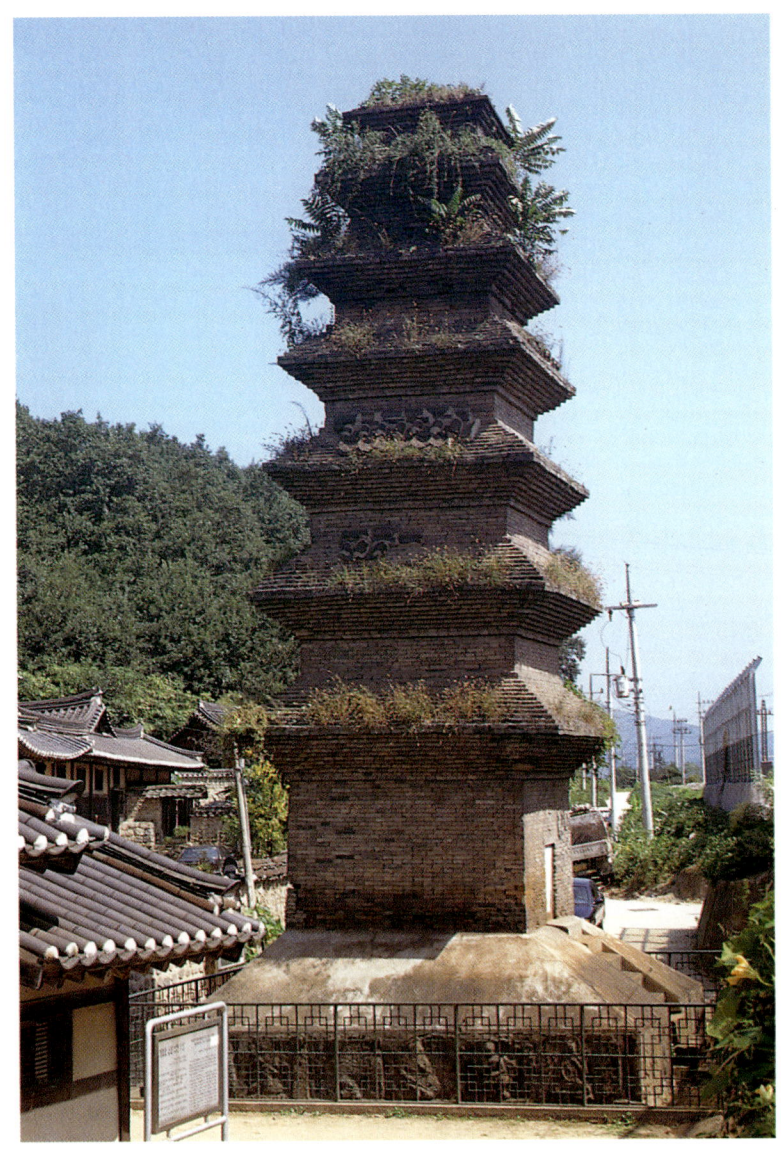

안동 신세동 7층전탑

전탑의 기원

한국의 고대 유구(遺構)들 가운데 남아 있는 숫자가 비교적 많고 예전의 모습이 아직까지 잘 보존되어 있는 것으로 불탑을 들 수 있다. 불탑은 애초에 부처의 사리를 모시기 위하여 생겨난 것이기 때문에 불교 초기에는 사찰의 중심부에 위치하여 경배의 대상이 되었다. 뒤에 불상을 모시게 되면서 탑의 경배 가치가 다소 줄어들었으나 주불전(主佛殿) 앞에는 반드시 한 기 또는 두 기의 탑이 건립되어 왔다.

우리나라의 탑은 사용한 재료에 따라 토탑(土塔), 목탑(木塔), 전탑(塼塔), 모전석탑(模塼石塔), 석탑(石塔), 청동탑(青銅塔), 금동탑(金銅塔), 청석탑(青石塔), 납석제탑(蠟石製塔) 등으로 나누어 볼 수 있다. 그러나 토탑이나 금속제의 탑은 주로 사리 장엄을 위하여 제작되었으며, 공예적인 면을 강조한 작은 탑이므로 이들은 보통 탑의 범주에서 제외된다. 따라서 이들을 탑의 범주에서 제외시킨다면 크게 목탑, 석탑, 전탑의 세 종류로 나눌 수 있다.

한국의 불탑은 한반도에 불교가 전래되고 가람이 조영되면서 더불어 조성되었을 것이라고 추측된다. 그러나 당시의 유구들이 대부분 목조였던 관계로 오늘날에는 그 모습을 찾아볼 수 없다. 다만 불교가 한국

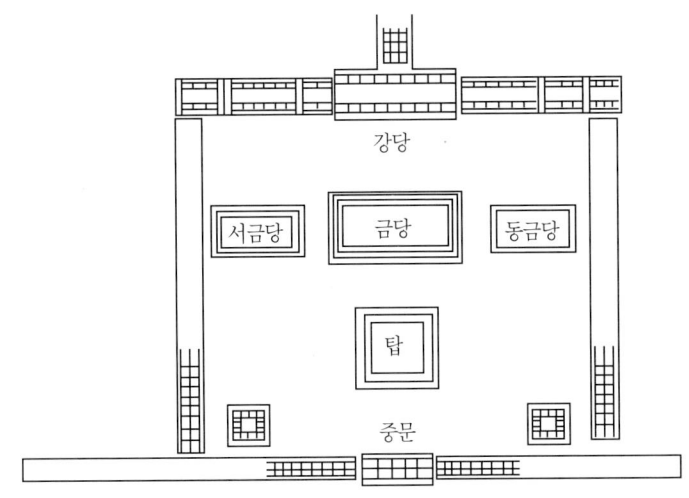

강당

서금당　　금당　　동금당

탑

중문

황룡사 가람 배치도 신라 때 지어진 절로 9층목탑이 있었으나 지금은 절터만 남아 있다.

에 전래된 4세기 말에는 중국과의 문물 교류가 빈번하였고 당시 중국 탑의 본류가 목조 누각 형식이었기 때문에 한국 탑의 초기 형식 또한 목조탑이었을 것으로 미루어 짐작할 뿐이다. 당시에 제작된 목조탑의 정확한 형태에 대해서는 알 길이 없다. 다만 발굴된 현장 조사를 통하여 개략적인 규모나 배치, 평면 형식을 짐작할 따름이다.

고구려의 목탑지(木塔址)로는 1937년에 발굴, 조사된 평양 교외의 청암리 사지(금강사지로 추정)와 상오리 사지를 비롯하여 원오리 사지, 북한에서 근래에 조사되어 알려진 정릉사지(定陵寺址) 등이 있다. 이들은 8각 기단을 한 목탑을 중심에 두고 동, 서, 북에 각각 금당(金堂)이 배치되었다.

백제의 초기 탑 역시 목조탑이었을 것으로 추정되며 그 터로는 부여 군수리 사지, 금강사지(金剛寺址), 익산 제석사지(帝釋寺址), 미륵사지(彌勒寺址) 중원(中院)의 목탑지 등이 있다. 또한 신라의 목탑지로

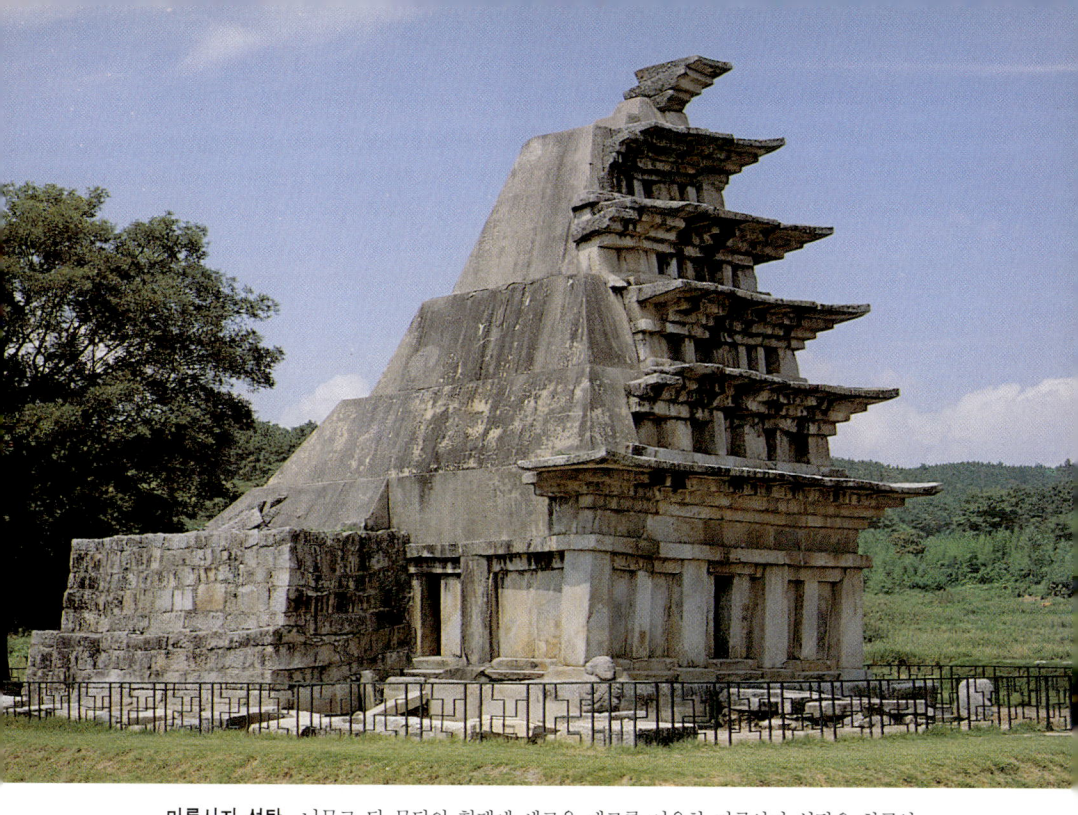

미륵사지 석탑 나무로 된 목탑의 형태에 새로운 재료를 이용한 미륵사지 석탑은 한국인의 정서를 충분히 담아낸 백제의 시원적 탑이다.

는 경주를 중심으로 흥륜사지(興輪寺址)를 비롯하여 황룡사(皇龍寺) 9층탑, 천주사(天柱寺), 영묘사(靈廟寺)와 통일 후에는 사천왕사지(四天王寺址), 망덕사지(望德寺址), 기림사지(祈林寺址), 보문사(普門寺) 동서목탑지 등이 있다.

　이들은 현존하는 사찰의 옛터로 모두 목탑지였으나 탑의 주된 부분은 없어지고 석재로 된 기단 부분만 남아 있다. 이처럼 불교 전래 초기의 유적에서 목탑의 흔적이 발견되고 있으므로 한국의 초기 탑 형식이 목조탑이었을 것이라는 추론이 가능하다. 목탑뿐만 아니라 석탑이나 전탑이 같은 시기에 세워지지 않았나 하는 추정도 해볼 만하나 현재까

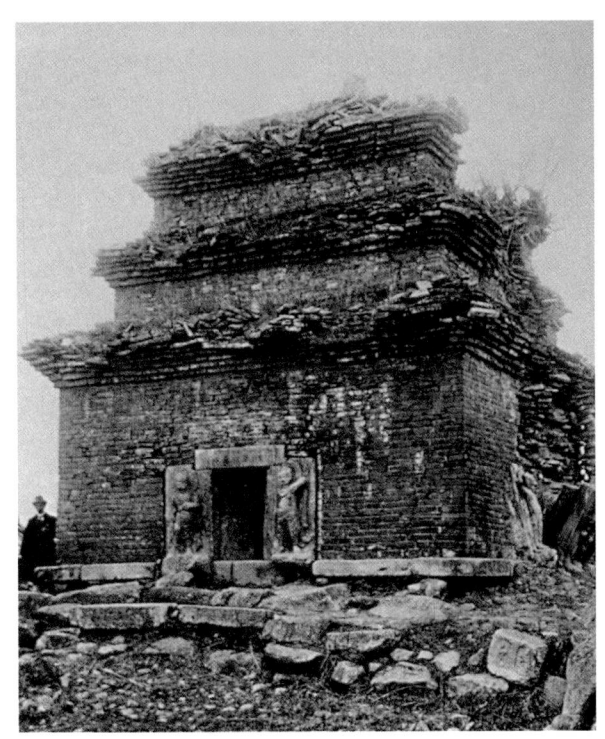

1920년대의 분황사 모전석탑 한국 전탑의 시원형으로 으레 꼽는 이 탑은 전탑이 아니라 돌을 벽돌 모양으로 잘게 쪼개고 다듬어 쌓은 이른바 모전석탑이다. (『조선고적도보』)

지 그때의 석탑이나 전탑의 터로 볼 수 있는 것은 발견되지 않고 있다.

한국 탑의 변천 과정에서 벽돌이나 석재를 이용하여 목조탑을 모방하게 된 것은 목조라는 재료가 가진 한계 때문이라고 여겨진다. 목조는 내구성이나 내화성이 부족하므로 새로운 재료를 이용한 축조 방안이 강구된 것이다. 석조로 재료를 바꿔 새로이 만든 탑이 석탑이며 돌을 벽돌처럼 잘 다듬어 탑의 재료로 쓴 것이 모전석탑(模塼石塔)이다. 널리 알려진 바와 같이 그 각각의 예가 바로 익산의 미륵사지 석탑과 경주의 분황사(芬皇寺) 모전석탑이다.

이 탑들은 한반도의 동과 서를 양분하여 백제 탑과 신라 탑이라는 계통을 이루었으며 두 나라 탑 형식의 시원이 되었다. 다시 말하여 목조탑 형식을 충실히 번안한 미륵사지 석탑은 정림사지(定林寺址) 석탑으로 이어져 백제 탑의 시원을 이루었으며 흑회색의 소석재(小石材)를 벽돌 모양으로 절단하여 쌓은 분황사 모전석탑은 의성 탑리 5층석탑, 고선사지(高仙寺址) 석탑 등으로 이어져 신라 석탑의 시원형이 되었다.

한국의 전탑을 말할 때 시원형으로 으레 분황사 모전석탑을 꼽는다. 그러나 이 탑은 전탑이 아니라 돌을 벽돌 모양으로 작게 쪼개고 다듬은 모전석을 쌓은 이른바 모전석탑이다. 그렇다면 분황사 모전석탑을 축조할 당시 왜 구운 벽돌〔燒成煉瓦〕을 쓰지 않고 노동력이 훨씬 더 필요한 석재를 벽돌 모양으로 가공하여 썼느냐 하는 의문이 생기게 된다. 또한 신라 석탑의 기원이 전탑 양식에서 출발하였다는 것은 분명한 사실이나 순수한 벽돌과 벽돌을 흉내낸 소석재 가운데 어느 것이 선행하느냐 하는 것 역시 의문이다.

단단한 석재의 절단에서 오는 수고로움이나 경제적 손실보다는 벽돌을 굽는 것이 훨씬 쉬웠을 것이라는 추정은 너무나 당연하다. 그러나 궁색한 해석이 될지 모르지만 현재는 제작이나 사용이 아주 간단한 벽돌이 그 당시에는 아직 널리 쓰이지 않았던 재료였을 것이라는 점을 하나의 이유로 들 수 있다. 한국에서의 벽돌 발생과 사용에 대한 특별한 고찰이 있어야 하겠지만 현재까지 알려진 사실로 볼 때 벽돌보다 모전석의 사용이 탑의 경우에 있어서는 앞선다는 것을 알 수 있다. 결국 벽돌의 발생 자체는 모전석보다 앞서지만 탑에서 벽돌이 보편적으로 사용된 것은 훨씬 뒤의 일이라는 것이다.

고유섭은 삼국 통일을 전후하여 벽돌 건축에 대한 각성이 싹트기 시작하였다고 말한다. 그러나 그것은 진정한 벽돌 건축이 아닌 벽돌을 모방한 석재로부터 시작된 것이었다. 그 가장 좋은 예가 경주의 분황사 모전석탑과 그 부근의 파괴된 석탑인 것이다.

물론 이 당시 중국에서는 전탑이 널리 유행하였고, 백제는 분황사 모

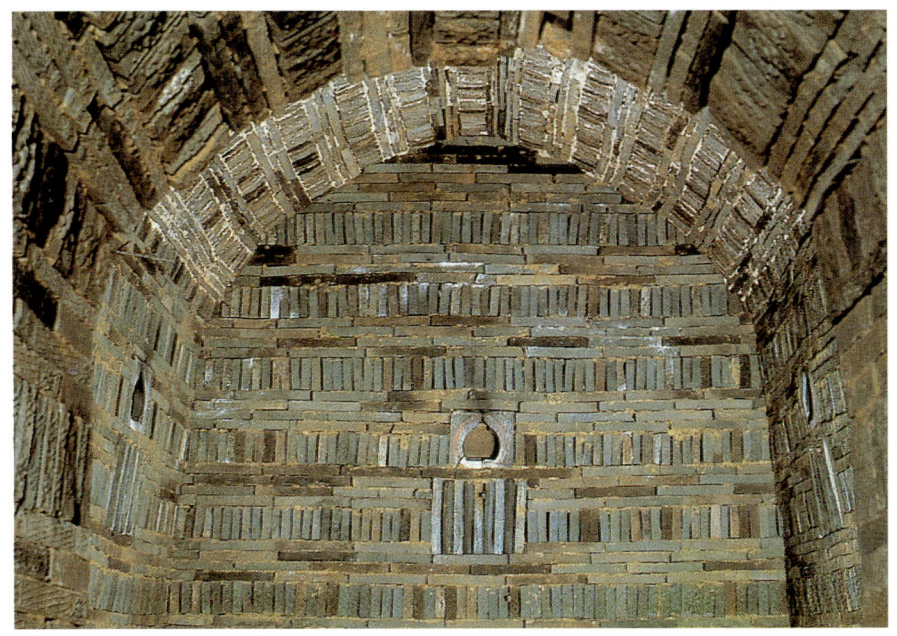

무녕왕릉 현실 내부 백제의 뛰어난 벽돌 제작 기술과 건축술을 알 수 있다.

전석탑보다 앞선 시기에 만들어진 무녕왕(501~522년)의 능에서 이미 벽돌을 사용한 건축술을 보여 주고 있다. 따라서 전탑을 축조하려는 의지만 있었으면 충분히 가능하였을 것이라 생각된다. 그러나 벽돌을 사용한 탑의 유구가 분황사 모전석탑 이전에는 확인되지 않고 있으므로 현재 남아 있는 유구로만 유추해 볼 수밖에 없다는 한계가 있다. 결국 현재까지의 연구 결과에 의하면 한국의 전탑은 모전석탑보다 뒤에 나타났으며, 삼국 통일 이후를 그 기원으로 삼을 수 있다.

중국, 한국, 일본의 건축을 흔히 주로 사용된 재료를 기준으로 중국은 벽돌의 나라이고 한국은 돌의 나라, 일본은 나무의 나라라고 한다. 낙랑시대에 벽돌로 축조된 고분과 그 영향으로 만들어졌다고 추정되는 백제의 벽돌무덤〔塼築古墳〕이 벽돌 사용의 드문 예이고 이를 제외하면 순수한 벽돌 건축은 없는 셈이다. 물론 삼국시대 이후 바닥이나 벽을 축조하는 재료로 벽돌을 부분적으로 사용하기는 하였지만 이는 고유섭의 표현처럼 귀족적인 계급성을 갖고 있어 중국과 같이 일반 백성에게까지 널리 보급되지는 못하였다. 결국 전탑은 한국의 탑 가운데 특이한 존재라 하겠다. 왜냐하면 한국의 고대 건조물에서 벽돌이라는 재료를 사용한 예는 매우 드물고, 다만 일부의 능묘(陵墓)에 이용되거나 건축물에서 장식용으로 벽돌을 사용하였을 뿐이기 때문이다.

신라 불탑의 변천 과정을 살펴보면 먼저 목탑이 발생하였고, 그 다음에 목탑 양식을 모방한 모전석탑이 나왔으며 그 후 목탑과 모전석탑의 두 양식을 갖춘 전형적인 석탑이 출현하였음을 알 수 있다. 또한 분명한 시기는 알 수 없으나 삼국 통일을 전후하여 순수한 구운 벽돌을 사용한 전탑이 나타나기 시작하였다. 물론 모전석탑이 출현한 시기에 전탑도 공존하였을 가능성은 있으나 그에 관한 유구가 나타나지 않아 전탑의 발생 시기를 더 늦게 볼 수밖에 없는 것이다.

문헌에 드러난 전탑의 존재를 찾아보면 『삼국유사』 권4에 신라 선덕여왕 때 석양지(釋良志)라는 사람이 있어 작은 전탑을 만들어[彫] 석장사(錫杖寺)에 안치하고 정성 들여 경배하였다는 기록이 있다. 또 『삼국유사』 권4 '보양이목조(寶壤梨木條)'에도 청도 운문사(雲門寺)에 전탑이 존재하였다고 기록하고 있다.

그러나 석장사의 탑은 공예품으로 여겨지며 운문사의 전탑 역시 존재를 확인할 수 없으므로 그때까지도 아직 건축적 구성을 이룬 전탑은 없었던 것으로 보인다. 그렇다면 전탑의 보급은 통일신라 초에 건립된 것으로 추정되는 안동에 있는 전탑들에서 그 기원을 찾을 수밖에 없다.

『동국여지승람(東國輿地勝覽)』 권10 '금천불우조(衿川佛宇條)'에는 안양사(安養寺)가 있어 그 절 남쪽에 고려 태조가 세운 7층전탑이 있다고 기록되어 있다. 그리고 같은 책의 권49 '갑산조(甲山條)'에는 백탑동(白塔洞)에 전탑이 있다고 하였으니 고려시대에도 전탑이 세워지고 있었음을 알 수 있다.

현존하는 전탑으로는 안동시 신세동 7층전탑, 안동 동부동 5층전탑, 안동 조탑동 5층전탑, 칠곡 송림사(松林寺) 5층전탑, 여주 신륵사(神勒寺) 다층전탑 등 5기의 예가 있다. 파괴되어 부분적으로 보수하였거나 파괴된 채 남아 있는 예로는 안동 금계동 다층전탑, 청도 불령사(佛靈寺) 전탑, 안동 장기동 전탑, 안동 개목사(開目寺) 전탑, 울주 농소면 중산리 전탑(확인 불능) 등이 있다. 과거에는 청도 운문사에 작압전(鵲鴨殿)이라는 벽돌(또는 엷은 돌)로 된 탑 모양의 건물이 있었는데 지금은 그 터에 새로이 목조 건축을 지었다. 이들 외에도 문헌상으로는 남아 있으나 흔적이 없는 것도 몇 개가 있다.

이들 전탑은 대부분 낙동강 주변인 안동에 집중되어 있으며 그 주변인 청도와 울주에까지 분포하고 있다. 이 부근을 제외하고는 한강 주변인 여주의 신륵사에서 전탑을 찾아볼 수 있을 뿐이다. 현재까지의 연구 결과로는 이렇게 특정 지역을 중심으로 전탑이 집중되어 있는 이유를 밝힐 뚜렷한 논거가 없어 미해결의 장으로 남아 있다.

그러나 근래 박홍국은 그의 논문에서 전탑에 관한 새로운 견해를 발표하여 주목되고 있다. 그는 이제까지 널리 알려졌던 전탑의 안동 집중설을 부정하면서 전탑의 전파 경로를 경주에서 대구를 거쳐 안동에 이르는 노정(路程)이라고 주장하고 있다.

이러한 순수 전탑 외에 모전석탑은 의외로 많다. 모전석탑에는 벽돌을 모방한 소형 석재를 쌓은 탑과 전탑의 옥개석(屋蓋石)에서 나타나는 계단형의 층단을 몇 개의 돌덩어리로 모방한 두 가지 계열이 있다. 이들을 진홍섭과 장충식은 제1류, 제2류라 하여 구분하였다. 곧 순수 전탑과는 재료에서 확연히 다르나 그 의장 수법이 비슷하여 모전석탑이라 부르고 이를 둘로 크게 구분하는 것이다. 특히 이 두 가지 형식을 장순용은 『분황사 석탑 실측 조사 보고서』에서 전탑계 모전석탑과 석탑계 모전석탑으로 부르고 있는데 이것이 더 적절한 표현이라 생각된다.

전탑계 모전석탑(제1류)은 분황사 모전석탑으로 대표되는 형식으로 짙은 회색을 띤 안산암이나 석회석을 벽돌처럼 조그맣게 만들어 축조한 것이다. 이 유형에 속한 예로는 분황사 모전석탑, 제천 장락리 7층 모전석탑, 영양 현 2동 5층 모전석탑, 영양 봉감동 5층 모전석탑, 영양 삼지리 3층 모전석탑, 상주 상병리 석심회피탑(石心灰皮塔, 현재는 망실됨), 정선 정암사(淨岩寺) 수마노탑(水瑪瑙塔)이 있고 그 밖에 시대

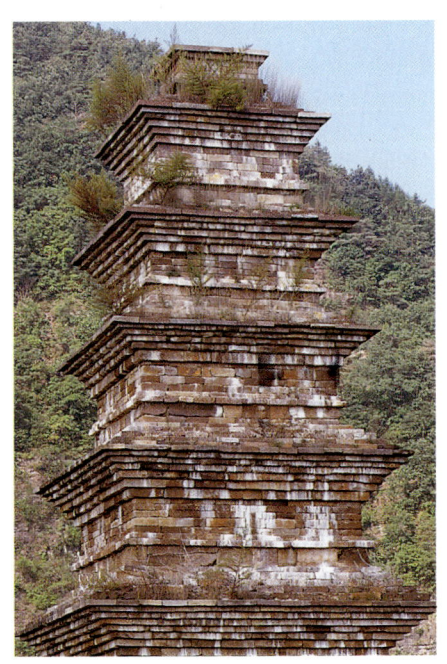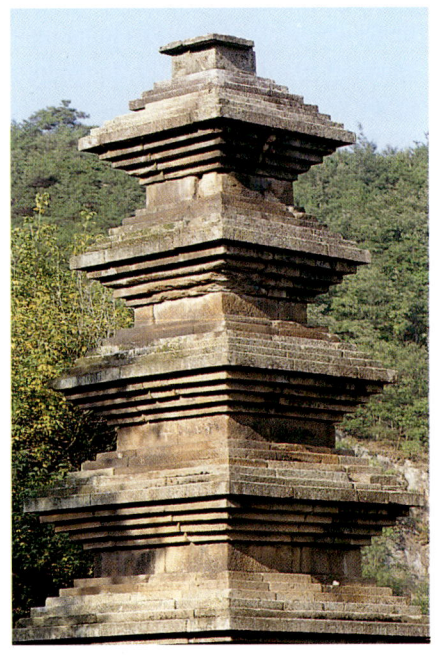

전탑계 모전석탑과 석탑계 모전석탑 모전석탑에는 벽돌을 모방한 소형 석재를 쌓은 탑 (왼쪽, 영양 봉감동 5층 모전석탑)과 전탑의 옥개석에서 나타나는 계단형의 층단을 몇 개의 돌덩어리로 모방(오른쪽, 의성 빙계동 5층석탑)한 두 가지 계열이 있다.

가 분명하지 않는 것으로 제천 교리 석탑, 안동 대사동 석탑, 군위 남산동 석탑 등이 있다.

석탑계 모전석탑(제2류)은 의성 탑리 5층석탑으로 대표되는 형식으로 한 개 또는 여러 개의 돌덩어리로 순수한 전탑의 옥개석에서 나타나는 층급을 옥개석의 위와 아래에 표현한 것이다. 이 유형에 속한 예로는 의성 탑리 5층석탑, 빙산사지(氷山寺址) 5층석탑이라고도 부르는 의성 빙계동 5층석탑, 선산 죽장동 5층석탑, 선산 낙산동 3층석탑, 경주 남산리 동3층석탑, 경주 서악리 3층석탑, 경주 남산 용장계 3층석탑, 경주 오야리 3층석탑, 안동 하리동 3층석탑, 청원 영하리 석탑(파손됨), 화순 운주사(雲住寺) 석탑 등이 있다.

그렇다면 순수한 전탑과 이를 모방한 모전석탑은 어떠한 관계가 있을까? 일반적인 경우, 사람이란 쉽고 편안한 방법을 택하기 마련인데 모전석탑보다 전탑의 발생이 더 늦다는 점이 흥미롭다. 또한 신라의 옛 땅에 거의 집중되어 나타나고 있다는 점도 마찬가지이다.

목탑으로 신라 탑의 시원형이 시작되고 난 다음 재료의 탈바꿈이 있었다는 것은 이미 언급한 사실이다. 쉽게 구울 수 있고 재료의 가공이 경제적인 전탑보다 모전석탑으로 석재를 고집한 것은 중국의 전탑에서 탑의 축조에 관한 사항은 배웠으나 형식을 한국적으로 응용하는 데 있어 벽돌이 널리 쓰이지 않았던 당시 상황이 고려된 것으로 이해하여야 할 것이다. 다시 말하여 전탑을 만들고 싶었지만 신라에서는 아직 벽돌이 널리 사용되지 않아 소석재로 벽돌을 대신한 것이라 여겨진다. 벽돌은 석탑이 발생한 훨씬 뒤에 보편적으로 사용되기 시작하였던 것이다.

석탑계 모전석탑은 애써서 돌을 벽돌 모양으로 자를 필요 없이 돌덩어리에 벽돌 모양을 모방하여 표현한 것이다. 이 탑 형식은 뒤에 전형적인 신라 석탑으로 변모하고 아름다운 한국 석탑의 기본형이 되었다.

한국 석탑의 시원과 전탑

　한국 석탑의 시원을 하나의 뿌리에서 찾느냐 아니면 두 개의 뿌리에서 찾느냐 하는 문제는 석탑 연구에서 아직까지 해결하지 못한 과제이다. 전자는 미륵사지 석탑에서 출발하여 정림사지 석탑과 분황사 모전석탑으로 분리되어 변천한 것으로 이해하는 관점이다. 반면에 후자는 반도의 서쪽인 백제에서는 미륵사지 석탑이 목탑을 흉내낸 모목탑(模木塔)으로 출발하고, 반도의 동쪽인 신라에서는 분황사 모전석탑이 전탑을 흉내낸 모전탑 형식으로 출발한 것으로 이해하는 것이다.

　이 문제는 쉽게 규정지을 성격의 것은 아니다. 그렇지만 목조탑을 새로운 재료로 탈바꿈시키면서 한국적 정서를 충분히 담아 목조탑을 모방한 미륵사지 석탑과, 중국적 감각과 재료에 영향을 받은 분황사 모전석탑이 백제와 신라 양국의 시원이 되는 석탑으로 뚜렷이 구분되는 양상을 볼 수 있다.

　다만 두 가지 상황 가운데 하나를 선택한다면 목탑의 형식으로 출발한 한국의 불탑은 처음부터 나누어진 모습으로 출발한 것이 아니라는 설이 더 강한 설득력을 가진다. 백제에서 출발한 석탑 조형의 의지가 당시 적대국이면서도 교류가 끊이지 않던 신라에 자극과 영향을 미쳤

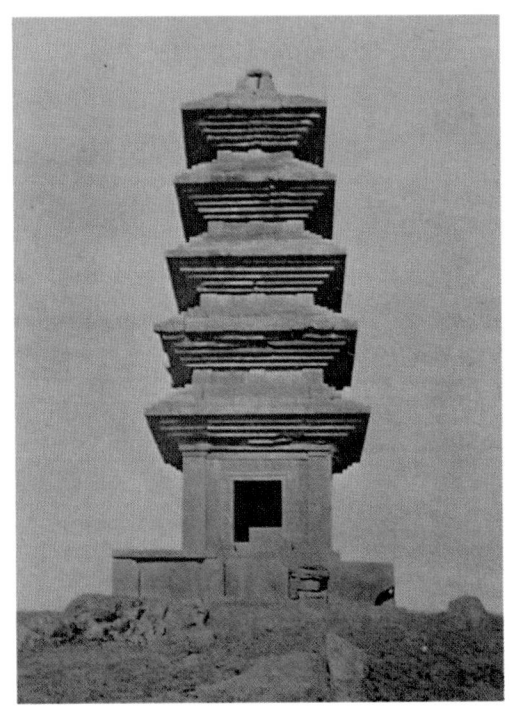

의성 탑리 5층석탑 1920 년대 찍은 사진이다. 기단 형식과 따로따로 마련된 별석재의 조립, 석재를 이용한 재료 사용 등 곳곳에서 백제 석탑 양식의 영향을 볼 수 있다.(『조선고적도보』)

을 것이고 이를 그대로 받아들이기에는 다소 부담을 느낀 신라는 중국의 조형 기술과 연계시켜 불탑을 다른 모습의 탑으로 표현하였을 것이라는 추정이 가능하다. 이는 백제의 건축술이 우수하였다는 상식적인 논거와 의성 탑리 5층석탑 등 신라 초기의 석탑에서 나타나는 조형의 유사성에서 찾을 수 있다.

　백제가 절과 탑이 아주 많은 '사탑심다(寺塔甚多)'의 나라로 나라 밖에 널리 알려진 사실이나 당시 아비지(阿非知)를 비롯하여 백제의 여러 공인들이 신라의 한복판에 삼국에서 제일 규모가 큰 황룡사 9층목탑을 세운 것, 백제의 사공(寺工)이나 와박사(瓦博士) 등이 바다 건너

일본에 최초의 당탑가람(堂塔伽藍) 비조사(飛鳥寺)를 조영하여 준 것
은 백제 공인들의 기술이 뛰어났으며 각 나라 간에 교류가 활발하였음
을 의미한다.

신라 탑의 시원 형식인 의성 탑리 5층석탑에 나타난 여러 가지 의장
요소들은 백제의 석탑 양식이 신라의 석탑에 끼친 영향을 보여 준다.
곧 미륵사지 석탑과 정림사지 석탑에서 나타나는 바와 비슷한 의성 탑
리 석탑의 기단 형식과 따로따로 마련된 별석재의 조립, 우주(隅柱)와
탱주(撐柱)의 민흘림, 주두(柱枓)와 창방(昌枋)의 표현, 2층 이상의
탑신(塔身)에 기둥이 있어 기둥 사이를 형성한 점, 내부 공간을 암시하
는 감실 표현, 석재를 이용한 재료 사용의 고집 등은 백제 석탑의 영향
으로 볼 수 있다.

이러한 영향은 의성 탑리 석탑에만 국한되어 나타나지 않고 감은사
지 석탑과 고선사지 석탑에서도 여러 부분 찾아볼 수 있다. 또한 나원
리 석탑과 탑정리 석탑에서도 부분적으로 찾아볼 수 있으므로 백제 탑
의 형식이 신라 석탑의 초기 형식에 끼친 영향이 매우 컸다는 사실을
알 수 있다.

그렇다면 신라시대에 나타난 모전석탑을 어떻게 이해할 것인가? 신
라계 석탑의 전형적인 형태가 전탑이나 모전석탑에서 출발하였으리라
생각하여 모전석탑을 신라 석탑의 시원 양식으로 보기도 한다. 그렇지
만 전탑은 전형적인 석탑과 병행하여 제한된 지역에서 일정한 시기에
만 건립되었기 때문에 이는 석탑과는 구별되는 또 다른 형식의 탑으로
이해하는 것이 옳다. 다시 말하여 모전석탑은 석탑 조영이 활발한 신라
에서 지속적으로 이어졌던 형식이 아니라 목조탑에서 석탑으로 전이되
는 과정에서 나타난 일시적인 형식일 것이라는 견해이다. 물론 고유섭
이후 한국의 석탑을 연구한 선학들은 신라 탑의 출발은 분황사 모전석
탑을 시발로 하여 모전석탑이 시원형을 이루었다고 이해하여 왔다. 그

러나 분황사 모전석탑에서 의성 탑리 석탑으로의 변화와 고선사지 석탑과 감은사지 석탑으로의 변모, 신라 초기 석탑에 나타나는 의장은 오히려 미륵사지 석탑 쪽에 가까운 형식이 더 많다는 사실을 소홀히 해서는 안 될 것이다. 분황사 모전석탑과 의성 탑리 석탑의 비슷한 점은 옥개석 상단에 나타나는 계단형과 간략화된 감실에서만 찾아볼 수 있다. 오히려 의성 탑리 석탑에서는 목조탑 형식의 의장 요소들이 더 많이 나타나고 있다.

한국 석탑은 출발에서부터 양분법적으로 구분하여 볼 것이 아니라 목조탑을 근간으로 한 하나의 석탑 양식에서 출발하여 지역을 달리하면서 점차 두 가지의 탑 형식으로 발전하였다고 보아야 한다. 이는 분황사 모전석탑 한 기로 끝나버리는 의사(疑似) 전탑 형식은 시원탑으로서의 의미를 상실하고 있기 때문이다. 만약 이 탑이 규범적인 것이었다면 정치적으로나 종교적으로 연속성을 유지한 신라에서 최소한 몇 기의 모전석탑 또는 전탑이 더 조영되었어야 한다. 그러나 통일신라기에 접어들어서야 안동을 중심으로 몇 기의 전탑이 조영될 뿐이다.

하나의 뿌리에서 출발하였느냐, 또는 두 개의 뿌리에서 출발하였느냐 하는 문제는 아직 명확히 결론지을 만한 연구 결과가 없다 하더라도 한국 석탑에서 두 개의 커다란 줄기는 지역적 성격을 유지하고 그 나름대로의 특성을 나타내며 면면히 이어져 왔다. 물론 백제계 석탑 양식은 삼국 통일을 이룩한 신라의 정치, 문화적 지배로 위축되어 통일신라시대에는 장기간 그 모습이 나타나지 못하였다. 이것은 정치적으로나 문화적으로 퍽 흥미로운 현상이다. 고려 개국 이후, 백제의 옛 영토에서 백제시대에 이루어졌던 양식의 석탑들이 다시 나타나는 것은 백제의 문화 유산에 대한 향수나 부흥의 염원이 아니었나 생각된다. 이러한 형식의 대표적인 유구는 왕궁리 5층석탑, 비인 5층석탑, 장하리 3층석탑, 계룡산 남매탑, 정읍 은선리 3층석탑, 귀신사 석탑, 옥구 죽산리 3

층석탑 등이 있다.

그 동안 한국의 불탑을 연구하였던 선학들은 한국 석탑은 신라 석탑이라는 등식을 연상할 정도로 신라의 전형적인 석탑에 치중하여 왔다. 물론 그 이유는 현존하는 백제 석탑이 미륵사지 석탑과 정림사지 석탑두 기에 불과하고 통일신라시대에는 그 자취를 찾아볼 수 없어 양식상 발전이 단절된 이유도 있다.

그렇다면 백제 탑 형식과 신라 탑 형식에는 양식상 어떤 차이가 있는지 알아보기 위하여 미륵사지 석탑과 분황사 모전석탑을 두 양식의 시원이 되는 탑으로 설정하고 이에서 더욱 발전된 전형적인 탑으로 정림사지 석탑과 석가탑을 설정하여 비교 고찰하여 보아야 한다.

한국 석탑의 출발점에서 그 모습을 나타낸 석탑은 백제 무왕 대(600 ~640)에 건립된 미륵사지 석탑과 선덕여왕 3년(634)에 건립된 분황사 모전석탑이다. 전자는 한국 석탑 가운데 최고(最古) 최대(最大)이며 앞서 유행하였던 목조 고루 형식의 탑을 석조로 가장 충실히 옮긴 석탑의 조형(祖形)이다. 후자 역시 신라의 수도였던 경주에서 석재로 벽돌을 모방하여 쌓은 모전석탑으로 신라 석탑의 효시가 된다. 이 두 탑을 한국 석탑의 시원으로 설정하고 이들의 조형 특성을 비교 고찰하면 흥미로운 사실을 발견할 수가 있다.

두 탑을 각 양식의 시원적 형태로 판단한다면 무엇보다도 우선 창건 연대에 대한 규명이 이루어져야 한다. 분황사 모전석탑은『삼국사기(三國史記)』권5에서 전하는 바와 같이 634년에 건립되었다는 점에 대해 이견이 없다. 그러나 미륵사지 석탑의 창건 연대에 대한 논의는 오랫동안 중요한 관심사가 되었다. 세키노 타다시(關野貞), 후지시마 가이지로(藤島亥治郞), 스기야마 노부조(杉山信三)와 같은 일본인 학자들은 미륵사지 석탑의 창건 연대를 통일신라 초로 추정하기도 하였으나 현재까지 조사된 결과에 의하면『삼국유사』'무왕조'에 기록된 내용대로 백제 무왕 대에 이루어졌을 것이라 여겨지고 있다.

특히 미륵사의 창건 연대를 논할 때 『삼국사기』의 신라 진평왕이 여러 공인(工人)을 백제에 보내어 미륵사의 공사를 도왔다(眞平王遣百工助之)는 기록에 주목하여 진평왕 재위(579~632년)의 어느 시기일 것이라는 추정도 가능하다. 곧 미륵사가 무왕 대에 이루어졌고 진평왕이 공인을 보내 도울 수 있는 기간도 진평왕의 재위 기간인 32년 사이에 있었다면 백제의 목탑을 흉내낸 석탑, 곧 모목석탑(模木石塔)에 관한 기술이 전해졌거나 최소한 상호 기술 교류가 있었을 것이다. 동서로 대치되어 있던 두 국가들 가운데 거대한 모목석탑을 건립한다는 백제의 정보는 신라를 크게 자극하였을 것이고, 이것이 신라의 창의성을 살릴 수 있는 모전석탑의 건립 동기가 되지 않았을까 하는 추정도 가능하겠다.

두 석탑의 구성 부위 가운데 특히 주목되는 점은 미륵사지 석탑의 하층 기단 폭이 약 41척, 상층 기단 폭이 35.5척인 데 비하여 분황사 모전석탑의 현존 기단 폭은 약 43척의 단층 기단으로 탑신부의 규모에 비하여 넓은 편이라는 것이다. 분황사 모전석탑의 조형 계획에서 이렇게 넓은 기단을 인정한다면 1층 탑신의 감실과 연관시켜 석조 계단도 설치되었을 가능성이 있다고 보아야 한다. 또한 모전석탑이면서도 탑신의 오금과 옥개에 미세한 반전을 나타낸 것은 한국적인 지붕의 곡선미를 나타낸 것으로, 중국에서도 그 예를 찾아볼 수 없는 것이다.

이상에서 살펴본 바와 같이 시기적으로 비슷한 때에 발생한 한반도 동서 양국의 시원형 석탑은 종적으로는 선행되었던 목탑 형식을 기본으로 하여 백제에서는 모목석탑으로, 신라에서는 모전석탑으로 변화하였다. 또한 횡적으로는 서로 돕고 영향을 끼치면서도 독창적인 조형을 이룩하여 지역적으로 서로 다른 모습을 보였다. 그러나 내부 공간과 기단 및 석조 계단, 처마의 표현, 탑신의 오금 기법 등에서는 일맥 상통한 조형 의지를 보이고 있다.

벽돌과 건축술의 변화

    벽돌은 인간이 손으로 만든 최초의 건축용 재료이다. 일반적으로 벽돌은 손쉽게 구할 수 있고 처리할 수 있는 가공성, 값이 싸다는 경제적 이점 외에도 유지와 관리가 용이하고 치수와 자중(自重)이 부담을 주지 않아 작업하기에 편리하다는 장점을 지니고 있다. 콘크리트와 같이 공정이 복잡하지 않을 뿐만 아니라 설계 과정 도중에 언제나 바꿀 수 있는 가변성도 지니고 있다. 더욱이 타일과 같이 다른 바탕의 재료를 필요로 하지 않는 자체의 조형성을 갖고 있으며 질감 면에 있어서는 철재나 유리 등과는 대조적으로 온감을 갖고 있다. 뿐만 아니라 재료 자체가 반짝이는 감을 주지 않아 상당히 묵시적인 성격을 띠면서도 안정감을 지니고 있다고 볼 수 있다. 벽돌 개개의 재료에서 풍기는 특성이나 면 처리상에 있어서 돌출부 및 개구부 아치를 통한 친근감, 줄눈을 이용한 섬세한 표현의 가능성 등에서 나타나는 인간적인 면모는 벽돌이 갖는 최대의 장점이라 할 수 있다.

    벽돌의 조형적 특성은 간단히 한 덩어리를 쌓아서 직선이든 곡선이든 임의로 만들 수 있을 뿐만 아니라 어떠한 형태라도 조성할 수 있다는 것이다. 뿐만 아니라 홍예(arch), 궁륭(vault) 등의 수법으로 벽체와

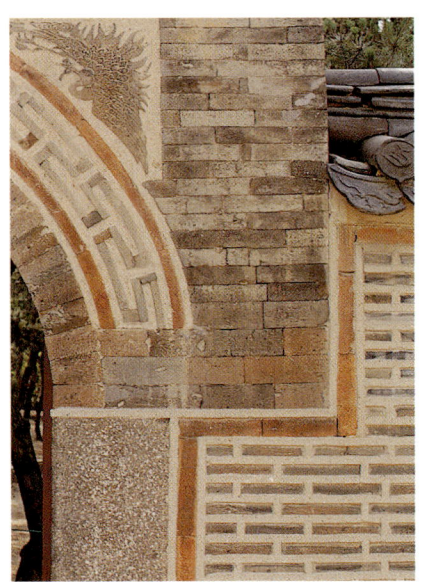

벽돌을 이용한 담장과 홍예문 벽돌은 단순한 작업과 간단한 기법으로 무한한 공간을 조성하는 특성과 함께 독특한 질감과 색감을 지니고 있다.

아울러 천장도 꾸밀 수 있다. 이와 같이 벽돌은 단순한 작업과 간단한 기법으로 무한한 공간을 조성하는 특성과 함께 독특한 질감과 색감을 지니고 있다. 벽돌은 목재와 같이 부드럽고 무르지 않으며 화강암처럼 딱딱하지도 않으므로 호감을 주는 재료이다.

벽돌의 발생과 쓰임

아직 석재를 가공할 도구와 기술이 부족할 때, 사람들은 영구적인 구조체를 지을 수 있는 재료와 방법을 궁리하였다. 그러다가 강가에 무궁무진한 진흙을 이용하여 쉽게 만들 수 있는 흙벽돌(Sundried-Brick)을 고안하였다. 햇볕으로 말린 벽돌의 예는 고대 이집트나 바빌로니아 등 세계 도처의 유적지와 스페인, 아르헨티나, 아메리카 대륙의 인디언 거

주지에서 발견할 수 있다. 이 흙벽돌은 진흙이나 갈대를 주재료로 하고 발로 밟고 손으로 쳐서 정육면체 모양의 흙벽을 만들어 햇볕에 말린 것이었다. 흙벽돌은 수분에 약하므로 표면에 회나 역청을 칠하기도 하였으며 습기와 접촉이 많은 부분은 다듬지 않은 돌을 사용하기도 하였다.

햇볕에 말려서 벽돌을 만들던 사람들은 한 단계 더 나아가 불에 구운 벽돌을 발명하였다. 그리고 머지않아 유약을 바르고 표면에 여러 가지 그림이나 문양을 새겨 장식한 벽돌을 만들 줄도 알게 되었다.

고대사회에서 벽돌의 출현은 커다란 건축 기술의 발전을 가져오게 되었다. 횡력에 약하다는 결점은 있으나 무궁한 재료를 이용하여 손쉽게 만들 수 있는 벽돌은 큰 강에서 발생한 고대 문명에서 가장 널리 애용하던 건축 재료이다.

티그리스강과 유프라테스강 사이의 넓다란 평원에는 수백만 개의 흙

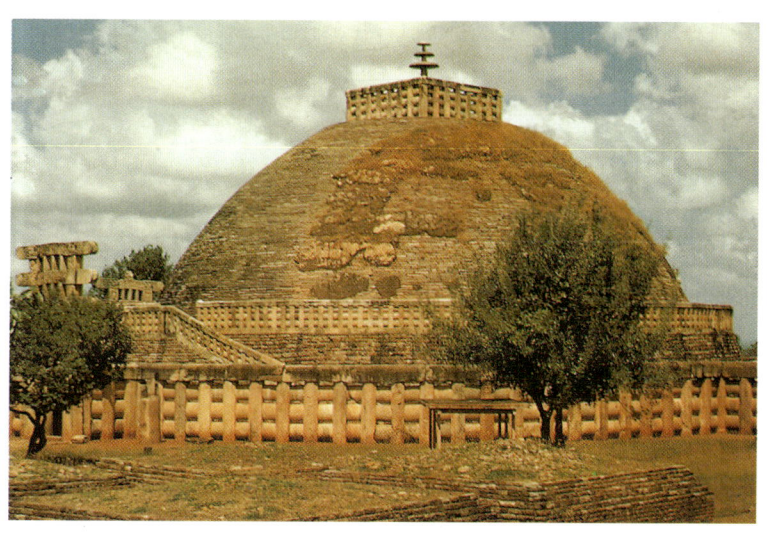

인도의 산치 대탑 기원전 3세기 아소카왕 때에 만들어진 인도의 전탑이다.

벽돌로 만든 지구라트가 있다. 이 지구라트는 사제가 백성들을 위해 신과 만날 수 있게 만든 곳이다. 비영구적인 재료로 이루어진 엄청난 양의 벽돌들이 영구적이고 의미가 가득한 구조물을 만들어낸 것이다. 신바빌론시대의 건축 기술에서 주목할 점은 각종 색깔의 유약 벽돌을 사용하였다는 것인데 이 벽돌은 긴 모양의 판상으로 만들어 부조한 다음 절단하여 유약을 바르고 불에 구운 것이다. 그 당시 각종 색깔의 아름다운 유약 벽돌로 건축되었던 바빌론 시가나 성은 대단히 아름다웠을 것으로 짐작된다.

그 가운데 건축술의 뛰어남과 아름다움으로 장관을 이루었다는 공중정원(Hanging Garden)은 고대의 7대 불가사의한 건조물 가운데 하나이다. 이 공중정원은 기원전 50년경에 축조된 것으로 벽돌로 아치를 틀고 볼트로 내부 공간을 이루었으며 그 윗부분에는 몇 개의 단을 두어 수목을 심은 테라스 형식으로 만든 것으로 추정하고 있다.

인도의 인더스강 유역에도 기원전 2500년경 하라파(Harappa)와 모헨조다로(Mohenjodaro)라는 고대 도시가 있었다. 이들 도시 안에는 성의 흔적이 있는데 햇볕에 말린 벽돌로 10센티미터 이상을 쌓아 높은 구릉을 만들고 주위의 성벽은 표면에 구운 벽돌을 부착하여 쌓은 것이었다. 특히 성안에 있는 학교, 주택, 우물, 목욕용 수영장 등의 건조물은 대부분 그 재료를 흙벽돌이나 구운 벽돌을 사용한 것이었다.

인도의 고대 건축물 가운데 불탑 역시 원래는 벽돌을 사용하여 건조한 것이었다. 산치(Sanchi)에 있는 제1탑은 그 내부가 구운 벽돌로 되어 있다. 현재는 숭가 왕조시대에 증축된 모습으로 외부를 석조로 쌓아 반구형으로 되어 있으나 원래는 지금 크기의 반 정도였다.

중국에 있어서 벽돌은 서주 혹은 전국시대부터 나타나기 시작한 것으로 여겨지는데 소형벽돌과 커다란 중공연와(中空煉瓦)가 사용되었다. 지상의 건축에 벽돌이 널리 쓰이는 것은 불탑 건축의 보급과 수반

되어 현재도 숭악사 탑을 비롯한 수많은 전탑이 그 예로 남아 있다.

한국 전통 건축의 벽돌 사용

동양의 건축 문화권에 속한 우리나라는 목조 건축이 일반적이었기 때문에 벽돌은 탑, 묘, 성벽 등에 한정되어 사용하였다. 평양 일대에서는 낙랑 문화기의 것으로 보이는 벽돌로 쌓은 무덤이 발견되었는데 이는 우리나라에서 벽돌이 사용된 시기를 짐작케 한다. 낙랑의 벽돌은 종류와 장식 문양이 매우 다양하고 뛰어났던 것으로 추측된다.

한국의 전통 건축은 삼국시대에 틀이 잡혀가면서 벽돌이 조형 활동에 자주 사용되었다. 고구려 고분인 광개토왕릉(속칭 장군총)과 천추총에서 발굴된 '천추만세영고(千秋萬歲永固)'라는 글자가 새겨진 벽돌, 무령왕릉을 비롯한 공주의 백제 고분에서 사용된 문양전(紋樣塼), 신라의 수도 경주 안압지 등에서 발견된 보상화(寶相華) 문양이 장식된 벽돌 등을 통하여 삼국시대에 이미 벽돌을 제조하는 기술 수준이 뛰어났음을 짐작할 수 있다. 특히 전탑의 등장은 벽돌 사용이 건물뿐만 아니라 불교 유구에도 사용되기 시작하였음을 보여 준다 하겠다.

조선시대에 들어 실학파의 학자들은 벽돌을 진보적인 건축 재료라 하여 널리 사용할 것을 주장하였다. 박제가와 홍양호는 벽돌에 대한 장점을 열거하며 널리 사용할 것을 주장하였는데 이들은 주로 중국에서 벽돌을 사용한 예들을 보고 벽돌의 이점을 파악한 후 우리나라에서도 제작, 사용할 것을 건의하였다. 재료가 무한하고 제조 비용이 적게 들며, 구조적으로도 안전하고 방어에 유리하여 도둑과 화재에 안전하다는 것이 이들이 꼽는 벽돌의 장점이었다.

실학자들의 주장으로 화성 성역 공사에 대량으로 사용되면서 벽돌은

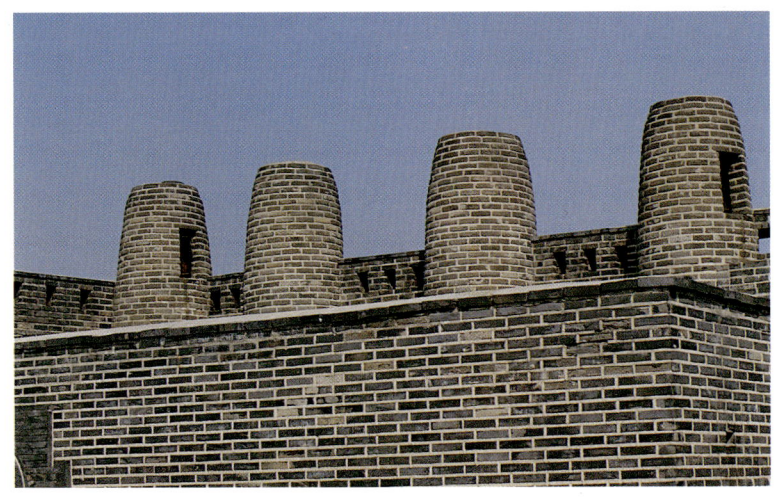

수원 화성의 봉돈 조선의 실학자들은 벽돌을 진보적인 건축 재료라 하여 널리 사용할 것을 주장하였다. 벽돌은 화성 성역 공사에 대량 사용되면서 근대적인 재료로 인정받았다.

비로소 근대적인 재료로 인정받았다고 할 수 있다. 하지만 당시로는 생소한 벽돌을 국가적인 큰 사업에 사용하자는 데 대해 많은 반대 의견이 있어 궁궐이나 성벽 등 방어상 중요한 부분에만 사용하였다.

서유구의 『임원십육지(林園十六志)』나 명나라 말의 학자 송응성(宋應星)의 『천공개물(天工開物)』은 벽돌에 대해 자세히 언급하고 있다. 우리나라 벽돌은 그 쓰임새에 따라 반반전(半半塼), 반전(半塼), 방전(方塼), 대방전(大方塼), 포방전(包方塼), 벽전(壁塼), 상형전(箱形塼) 등으로 나뉜다. 반전, 반반전, 블록형의 큰 벽돌은 건물의 담을 쌓는 데 썼고, 건물 내부의 바닥이나 복도에는 반전이나 방전을 깔아 편하고 아름답게 꾸미기도 하였다.

개항 이후 서구식 벽돌이 중국을 통하여 들어오면서 벽돌은 대부분의 건축물에 본격적으로 사용되기 시작하였다.

중국 전탑의 영향

중국에 불교가 전래된 시기나 경로에 대해서는 다양한 의견이 있다. 중국인들이 최초로 불교 문화권과 접촉한 것은 전한 대(B.C. 206~A.D. 8)에 간다라 지방을 통하여 이루어졌고 후한 대(A.D. 25~220)에는 초기부터 불교 신자가 있었던 것으로 파악된다. 중국에서는 불교가 전래되기 전부터 이미 도교를 믿는 사람이 많았고 신선사상이 고취되어 이것과 결부된 누각 건축을 세우는 기술이 발전하여 있었다.

인도 탑이 하나의 모습에서 발전하여 온 것과는 달리 중국 탑은 이러한 까닭에 출발부터 고유한 형식을 취하지 못하고 기존의 건물을 이용하는 등 후대에까지 여러 가지 형태상의 변화를 나타낸다. 물론 초기의 모습이 인도 탑과 같았다는 기록이 있으나 이미 발전하여 있던 목조 건축의 강한 영향력 아래에서 새로운 형식의 탑이 도입된다는 것은 힘든 일이었을 것이다.

불탑이 중국에 소개될 당시, 벽돌 생산은 초보적인 상태였기 때문에 아직 건축물에 널리 사용되지 못하고 목조 건물의 보조적인 재료로만 사용되었다. 그 후 조적 기술이 발달되자 탑의 건축 재료에 변화가 일어나 벽돌이 목재를 대신하게 되었다.

벽돌을 들어올리는 기술과 이를 지탱하는 비계, 그리고 조적 기술이 발전하자 전탑의 높이와 크기는 더욱 증대되어, 뒤에는 15층 전탑까지 생기게 되었다. 『낙양가람기(洛陽伽藍記)』권2에 의하면 낙양의 동쪽 외곽인 숭의리에 서진(西晉) 태강(太康) 6년(287)에 만든 전조 삼층부도(塼造三層浮圖)가 있었다는 이야기가 나온다. 또한 동진(東晉) 말의 의희(義熙) 12년(416)에 세운 벽돌로 만든 부도가 있다는 기록으로 보아 전탑이 그 이전부터 존재하였다는 것을 알 수 있다.

현존하는 최고(最古)의 전탑은 북위(北魏) 정광(正光) 4년(523)에 세워진 하남 숭악사의 15층전탑이다. 숭산은 북위 때 선승이 모이는 중요한 거점이었고 사원이 대단히 많은 곳이었다. 이 탑은 중국 유일의 12각 탑으로 내부는 8각을 이루고 있으며 높이는 약 40미터, 아래층의 직경은 10.6미터, 내부 공간의 직경은 약 5미터 가량 된다. 탑의 찰(刹) 부분에 돌 조각을 이용한 것을 제외하고는 전부 회황색의 벽돌로 되어 있다. 특히 이 탑의 각주(角柱)와 불감(佛龕) 등 장식적인 부분에서 인도 탑에서 흔히 볼 수 있는 양식이 많이 남아 있어 인도 탑과의 연계를 추정하게 한다. 또한 각층 탑신에 남아 있는 석회 부분으로 미루어 보아 이 탑 외부의 색깔이 원래 백색이었음을 알 수 있는데 이는 당시 전탑의 특징 가운데 하나로 송나라 때까지 계속되었다.

당나라 때 유명한 전탑으로는 대안탑(大雁塔)이 있다. 이 탑은 중국에서 법상종(法相宗)이라는 종파를 세운 승려 현장(玄裝)과 관련된 것으로 원래 5층이었던 것을 장안 연간(長安年間, 701~704)에 당시 유행하였던 7층으로 개축한 것이다. 이 탑은 누각식 전탑으로 정사각형의 평면을 하고 있으며 아래층의 한 변이 25미터, 높이가 64.5미터에 이른다. 탑신의 벽면은 목조 건축을 흉내내어 7칸에서 5칸으로 하였으며 기둥 형식의 장식용 벽기둥(Pilaster)을 썼고 처마를 만들었으며, 각층 4면의 중앙에 아치로 만든 문을 두었다. 이 탑은 근래에 다시 수리하여 다소 변모되었을 가능성이 있으나 중국 전탑의 모습을 잘 나타내 주는 귀중한 유구라 할 수 있다.

그러나 인수 연간(仁壽年間)에 전국적으로 황제가 하사한 사리탑을 같은 날, 같은 시각에 일제히 3회(601, 602, 604년)에 걸쳐 111개 사원에 매장하였다고 전하는데, 이 불탑들은 모두 목조의 5층탑이었던 것으로 생각되므로 이때까지도 목탑이 주종을 이루고 있었다는 사실을 알 수 있다.

그 후 건축적인 구조·조적 기술이 더욱 발달하고 벽돌의 생산량도 많아졌기 때문에 전탑이 목탑을 대신하는 것은 자연스러운 변화 과정이었다고 할 수 있다. 그러나 형식은 목탑을 모방한 것이 많았다. 중국의 전탑 형식은 북위시대 중기부터 시작하여 수·당대를 거쳐 송, 요, 금에 이르기까지 계속

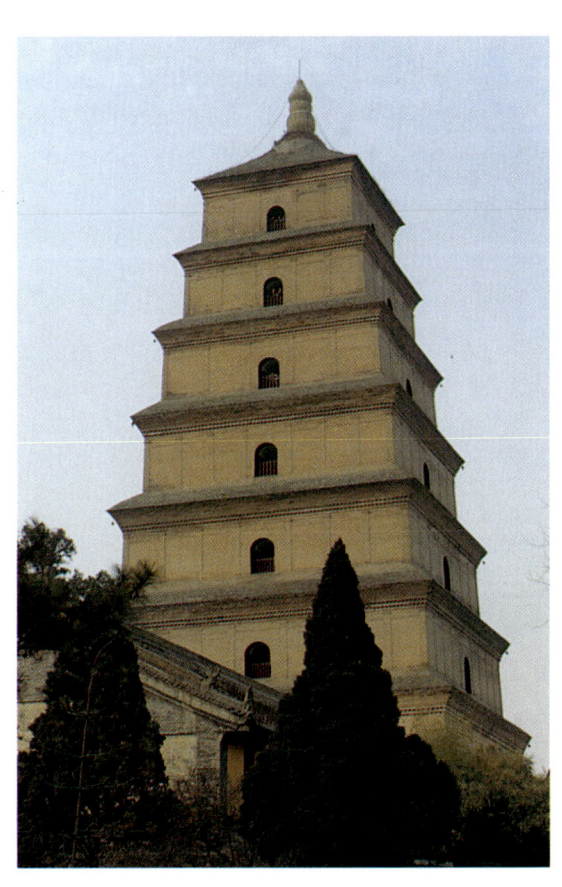

자은사 대안탑 당나라 때 만들어진 중국의 대표적인 전탑이다.

발전하였는데 전체적인 모습으로 볼 때 평면 형태만 다양할 뿐 커다란 변화는 없다.

불탑을 오르지 못하게 하는 불교 교의에 따라 내부 공간이 없이 꽉 차 있는 인도 탑과는 달리 중국의 전탑은 사람이 기거하는 건물처럼 내부 공간을 만들고 꼭대기까지 올라갈 수도 있다. 탑의 내부는 위로 올라갈수록 좁아지며 이따금 상판을 사용하여 층을 나누고, 정상의 상륜부(相輪部)에는 목재와 석재를 사용하기도 하였다. 물론 일반적인 경우 두꺼운 벽과 계단 등의 주요 구조부를 벽돌로 하였음은 당연하다.

목조의 경우는 처마가 길어서 두공(枓栱)이 발달하였지만 전탑이나 석탑에서는 두공을 표현하기가 쉽지 않았으며 구조적으로 유효하지도 않았기 때문에 직접적으로 두공의 형태를 채용하지 않고 벽돌이나 모전석을 조금씩 내쌓기 하고 위에서는 들여쌓기 하는 코벨(Corbel) 방식을 사용하였다. 이 구조 방법은 이미 후한시대 묘의 천장에서도 볼 수 있는데, 벽돌의 사용이 보편화되면서 생긴 방법이라 여겨진다.

또한 전탑은 조적조인 까닭에 내부 공간의 크기가 한정되었고 경우에 따라서는 중앙에 중심 기둥의 역할을 해주는 굵은 벽돌조의 구조체가 나타났다. 각층의 창은 장식용이거나 있더라도 다소 규모가 작아 벽돌조의 한계성을 드러내었다. 네모난 전탑은 조망의 범위가 네 방향이었지만 6각, 8각 등의 탑이 건립되면서 여러 방향의 시선을 갖게 되었다.

계단의 설치 방법은 내부의 사방 벽면에 설치하는 방법, 중심축부의 안에 설치하는 방법, 외부에 베란다 형식으로 설치하는 방법 등 다양하다. 그리고 중국 전탑의 평면 형태는 4각, 6각, 8각형이 주를 이루고 있다. 이들 탑의 내부는 굴처럼 패어 있는 경우가 있고 일자형이나 십자형으로 관통하는 경우가 있다. 특히 외부의 형태와 내부의 평면 형태가 일치하지는 않는다.

한국 전탑의 특징

중국은 벽돌을 사용하는 기술이 현저히 발달하였고 벽돌의 재료인 황토가 풍부하여 전탑이 많이 축조되었다. 반면 한국에서 석탑이 많이 건립된 것은 양질의 화강석을 손쉽게 구할 수 있었던 것이 가장 큰 요인이었을 것이다. 다시 말하여 탑의 양식이나 사용된 재료는 결국 그 지역에서 어떤 재료가 많이 산출되고 그 풍토와 기후 조건에 적합하느냐에 따라 결정된다고 할 수 있다. 또한 고층화를 이루는 수법은 당시의 건축 기술을 단적으로 보여 주는 것이라 할 수 있다. 전탑의 축조는 축조 방법의 발달뿐만 아니라 단단하고 가벼운 벽돌의 사용이라는 재료상의 발전에도 기여하였을 것이다.

전탑이 안동 지방에 집중되어 있고 모전석탑 또한 비슷하다는 것은 주목할 만한 사실이나 그 까닭은 아직 명확하게 규명되지 않았다. 이것은 아마 이 지역의 토질이 벽돌 재료로 적합하거나, 교통이나 문화 전달의 경로 때문에 벽돌 문화와 접할 기회가 있었던 것이 아닐까 짐작된다. 그렇다면 결국 벽돌로 만든 탑이나 건축 유구와 접하여 있거나 그러한 영향을 받을 만한 곳에 위치하기 때문이라는 추정이 가능하다.

또한 돌로 만든 탑이 당시 그다지 멀지 않은 곳에 많이 축조되었음에

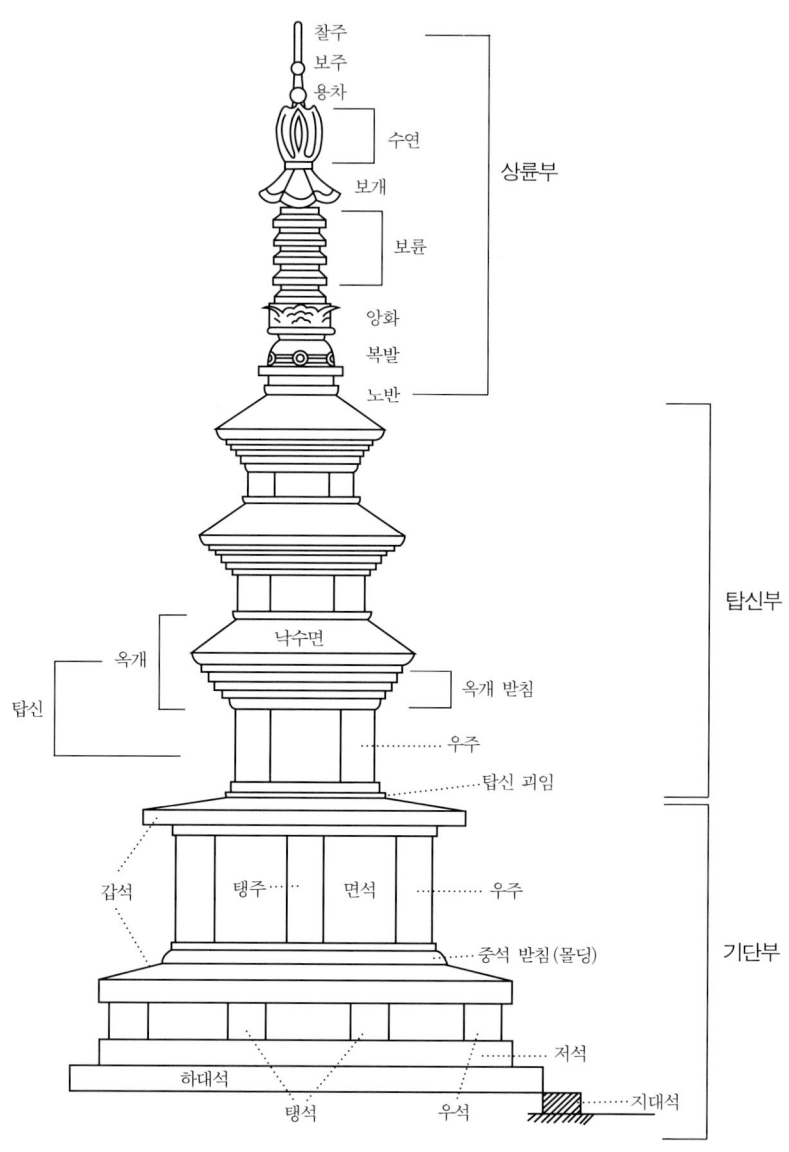

찰주
보주
용차
수연
보개
보륜
앙화
복발
노반

상륜부

옥개
낙수면
옥개 받침
탑신
우주
탑신 괴임

탑신부

갑석
탱주
면석
우주
중석 받침(몰딩)

저석
하대석
지대석
탱석
우석

기단부

탑의 부분 명칭

도 전탑을 고집하는 것은 돌이 지니는 재질이나 감성이 벽돌에 비하여 상대적으로 비교 우위를 점하지 못하였을 것이라는 다소 막연한 추정을 할 수 있다.

전탑이 넓은 지역에서 그리고 오랜 기간 동안 유행을 하지 못한 것은 석탑보다 탑을 만들 재료의 획득이나 조탑 과정이 용이하지 않은 점, 작은 벽돌로 탑을 구축하여야 하므로 붕괴되기 쉬웠던 점 등이 그 요인이 되었던 것 같다. 즉 벽돌이라는 재료에 대한 친근감이나 사용 경험이 부족하여 어떤 면에서 보면 제작이 쉬운 재료이기도 하지만 한국에는 널리 사용되지 못한 것으로 보인다.

따라서 이질적인 문화에 대한 동경과 호기심에서 제작이 시도되었던 전탑과 모전석탑은 위와 같은 이유로 인하여 이내 우리의 것으로 뿌리내리지 못하고 말았다. 그리고 특정 시기, 한정된 장소에서 다소 시험적으로 시도되었을 뿐이라고 여겨진다.

전탑의 평면과 기단

한국 탑의 전형적인 모습이 정사각형이듯이 전탑 역시 정사각형이다. 중국 탑의 경우는 4각, 8각, 16각 등 다양하나 8각형이 주를 이룬 것에 비하면 서로 비교가 된다.

전탑에서 기단은 의미가 약화된 구조체이다. 왜냐하면 석탑처럼 내부 공간이 있거나 다양한 구성재들이 있어 가구(架構)가 형성되지 않았기 때문이다. 곧 석탑의 경우는 지대석이나 저석이 깔리고 하층 기단과 상층 기단이 우주, 탱주, 면석, 갑석 등으로 이루어지는 데 비하여 전탑의 경우는 오히려 목탑의 경우처럼 낮은 단층 기단으로 특별한 구조적 의미를 지니지 않고 있다. 물론 안동 신세동 7층전탑처럼 기단의 면석에 팔부중상(八部衆像)과 사천왕상(四天王像)이 새겨져 있거나 신륵사 다층전탑처럼 계단 형식을 한 예도 있지만 일반적인 경우는 석탑의 기단보다 단촐한 형식을 하고 있다.

그리고 신세동 7층전탑의 기단은 기단부에 끼워져 있는 판석의 조각들이 시대를 달리하는 것이 뒤섞여 있어 원래의 작품이 아닌 것을 알 수 있다. 조각 수법이 탑 건립 당시의 수법으로는 볼 수 없기 때문에 이 추정은 더욱 신빙성을 가진다. 기단부의 이 같은 변형은 『영가지(永嘉誌)』의 기록을 토대로 살펴볼 때 성종 18년(1487)의 개축과 관계가 있을 것으로 보인다. 시멘트로 입방체를 만들어 놓아 정확히는 알 수 없으나 스기야마 노부조와 고유섭은 2층 기단으로 보았다.

조탑동 5층전탑은 축대를 쌓듯이 단층의 기단을 형성하고 그 상부를 흙으로 다진 다음 1층 탑신을 세웠으며 송림사 5층전탑은 주택의 기단처럼 외벌대의 돌을 폭넓게 돌리고 그 위에 흙을 다진 다음 1층 탑신을 세웠다. 동부동 5층전탑은 특별한 기단 형식이 없이 평평한 저석을 깔고 1층 탑신의 벽돌을 쌓아 올라갔다. 저석의 형태는 주홍색을 띤 화강석으로 3단의 탑신 받침이 단부를 둥그렇게 둘렀다.

벽돌로 1층 탑신을 쌓아 올라갈 때 기단 상부의 흙을 다진 뒤 흙 위에 그냥 벽돌을 쌓을 수 없기 때문에 결국은 평평한 석재로 지대석을 둘 수밖에 없다. 지대석은 석탑의 지대석이나 저석과 같은 역할을 하나 오히려 더 필요한 존재이다. 왜냐하면 석탑의 경우는 재료들의 크기가 벽돌에 비하여 상대적으로 크므로 지대석의 의미가 적을 수도 있어 지대석이나 저석이 없이도 가능할 수 있기 때문이다.

중국의 경우는 저석이나 지대석 없이 지면 위에 그냥 벽돌을 쌓지만 우리의 경우는 기단을 형성하든지 아니면 저석이나 지대석을 두는 방법을 사용한다. 이러한 현상을 고유섭은 '한국인들의 석재에 대한 집념'이라고 표현하였다.

탑신(옥신)

전탑의 탑신은 당연히 벽돌로 축조된다. 그러나 예외적으로 조탑동 5층전탑의 경우는 1층 탑신에서 사고석 모양의 석재를 허튼층으로 쌓아 의외이다. 벽돌을 쌓는 방법도 길이쌓기와 마구리쌓기 등을 섞어가면서 쌓았고 맨 아랫단과 맨 윗단은 두 단의 벽돌을 내쌓아 안정을 꾀하였다.

또한 같은 크기의 벽돌을 사용하지 않고 모서리 부분의 벽돌은 바닥 벽돌 모양으로 정사각형의 것을, 벽면의 벽돌은 일반 벽돌을 사용하였다. 일반적인 벽돌의 크기는 길이 28센티미터, 폭 14센티미터, 높이 6

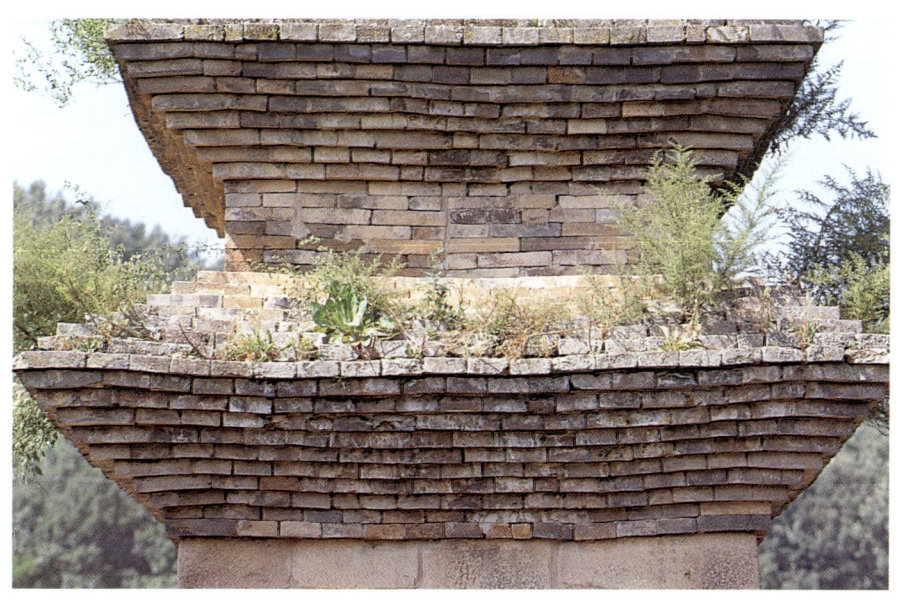

탑신 부분 전탑의 탑신은 당연히 벽돌로 축조된다. 그러나 예외적으로 안동 조탑동 5층전탑의 경우는 1층 탑신에서 사고석 모양의 석재를 허튼층으로 쌓아 의외이다.

센티미터로 이들을 반 토막으로 나누거나 온 장을 그대로 사용하였다.

탑신의 외부는 벽돌로 쌓았으나 내부는 벽돌이나 잡석을 사용하여 뒷채움한 것과 방추형의 내부 공간을 아주 좁게 만든 예를 볼 수 있다. 이는 조탑동 5층전탑과 금계동 다층전탑, 신세동 7층전탑에서 그 예를 볼 수 있으나 모든 전탑이 다 그런지는 확인할 수 없다.

탑의 내부 공간 - 감실

중국의 전탑은 사람이 계단을 통하여 상부까지 올라갈 수 있는 내부 공간이 뚜렷이 마련되어 있는 데 비하여 한국의 전탑은 약간의 감실 이외에는 전혀 내부 공간을 두지 않고 있다. 이는 탑을 이해할 때 내부

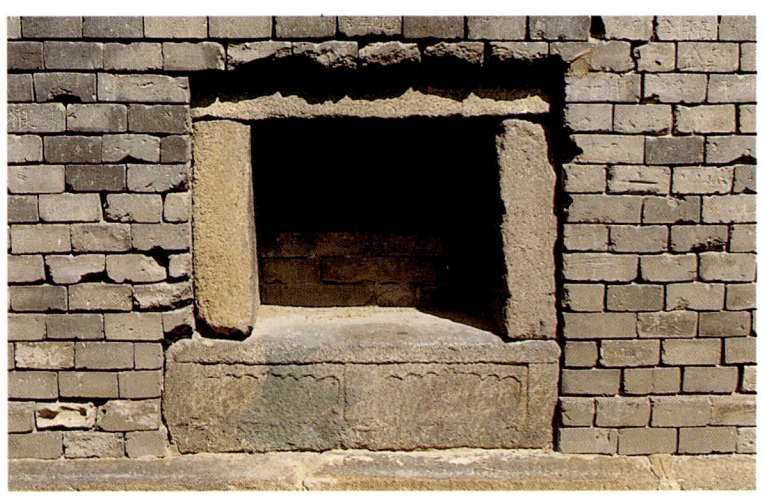

전탑의 감실 감실은 부처를 상징하는 유물을 모시는 탑의 내부 공간이다. 신륵사 다층전탑을 제외하고 현존하는 모든 전탑에는 감실이 있다. 안동 동부동 5층전탑.

공간을 갖는 건축적 의미로 보느냐 그렇지 않느냐가 관건이라 생각된다. 물론 탑을 구축하는 기술력과 탑의 크기 등도 내부 공간을 설치하는 데 고려의 대상이 될 것이다.

감실은 부처를 상징하는 유물을 모시는 탑의 내부 공간으로 의미가 있다. 초기의 석탑에는 감실이 있었는데 나중에는 상징적으로 변하여 장식으로 나타내기만 하였다. 신륵사 다층전탑을 제외하고 현존하는 모든 전탑에는 감실이 있다. 사방 50센티미터 내외의 공간을 형성하는 데에 벽돌만으로는 어렵기 때문에 결국 기둥 형식인 수직재와 천장 형식인 수평재는 석재를 빌려 쓸 수밖에 없었다.

옥개(지붕 모양)와 상륜부

탑에 있어서 옥개는 지붕의 의미를 갖는다. 전탑의 옥개는 추녀가 짧고 경사가 급하며 옥개 상하가 층단을 이루고 기와를 얹은 것이 특징이라 하겠다. 따라서 목탑이나 석탑의 옥개처럼 경쾌하지 않고 뭉툭한 둔중함을 보인다. 이는 재료가 갖는 한계를 보여 주는 것이라 하겠다. 벽돌을 쌓아 긴 처마를 이룰 수 없기 때문이다.

옥개를 이루는 층단의 수는 10단에서 3단까지이나 위로 올라갈수록 하나 또는 둘씩 규칙적으로 줄어든다. 또 옥개 하부의 층급 받침 수가 옥개 상부 낙수면의 수보다 적다.

상륜부의 흔적은 현존하는 전탑에서 찾아보기 힘들다. 그러나 신세동 7층전탑에 관련된 『영가지』의 기록에는 '…上有金銅之飾…'라는 내용이 있어 최정상부에 금동재의 장식이 있었으리라 여겨진다. 동부동 5층전탑의 경우도 역시 금동재 상륜이 있었던 것을 선조 31년 명나라 장군이 철거하였다고 한다.

기와의 사용

옥개 부분에 기와를 얹은 것은 석탑보다 목조 건축에 접근하여 있는 느낌을 준다. 신세동 7층전탑과 동부동 5층전탑의 옥개 상부에 기와를 얹은 흔적이 있다. 초창기부터 있었던 것인지 뒤에 얹은 것인지 분명하지는 않지만 목조 건축을 본떠 외양을 추구한 의도를 엿볼 수 있다. 동부동 5층전탑의 경우, 기와를 얹은 수법은 목조 건축과 일치하여 수키와와 암키와를 같이 사용하였으며 막새기와 없이 아귀토를 끝에 채워 넣었다. 내림마루 부분에는 수키와를 썼으며 망와(望瓦) 등은 사용하지 않았다.

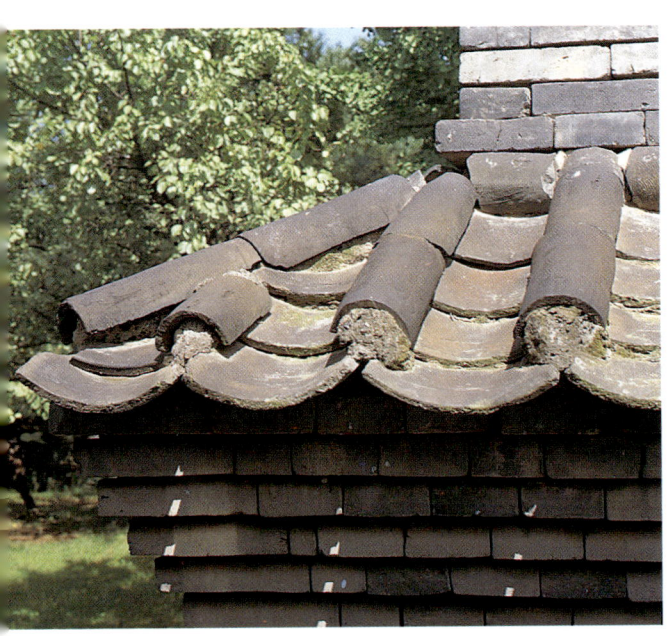

옥개 상부의 기와 사용
목조 건축을 본떠 수키와 암키와를 같이 사용하였으며 막새기와 없이 아귀토를 끝에 채워 넣었다. 내림마루 부분에는 수키와를 썼으며 망와 등은 사용하지 않았다. 안동 동부동 5층전탑.

벽돌의 다양한 사용과 축조 방법

전탑에 사용한 벽돌은 정사각형 벽돌, 직사각형 벽돌, 반 토막 등으로 다양하다. 바닥형 벽돌 모양의 정사각형 벽돌은 탑신이나 옥개석의 모서리 부분에 사용하고 직사각형 벽돌은 벽면에 사용하였으며 반 토막 등은 사이를 채우는 데 사용하였다. 벽돌의 색깔은 흑회색이거나 황색을 띤다. 벽돌의 재료가 오래되었다고 추정되는 것들에서는 무늬가 아름다운 당초문(唐草紋)을 양각한 것들이 있고 뒤에 보수한 것들은 무늬가 없는 벽돌을 사용하였다.

벽돌을 축조할 때는 모르타르를 쓰지 않고 막힌줄눈으로 여러 겹 중첩하여 올라가는 방법을 쓰고 있는데, 자중에 의한 수직력과 막힌줄눈에 의한 횡력의 보완이 전탑을 유지하고 있다고 볼 수 있다. 또한 길이쌓기와 마구리쌓기를 반복하여 마치 목재를 결구하듯이 조적하였다. 벽면의 양쪽 단부에는 마구리쌓기와 길이쌓기를 하고 있으며 중앙 부

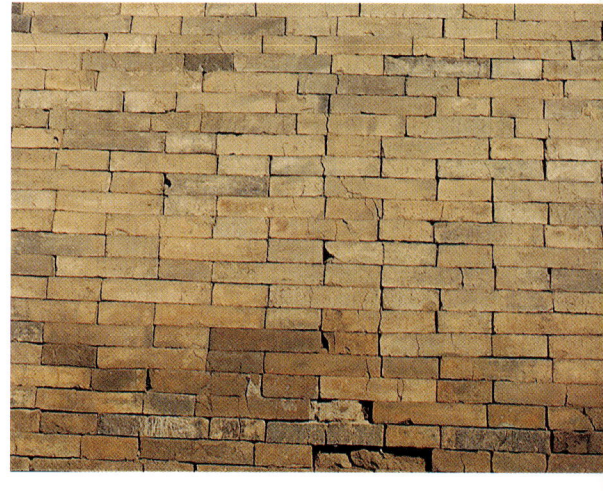

전탑의 벽돌 쌓기 벽돌을 축조할 때는 모르타르를 쓰지 않고 막힌줄눈으로 여러 겹 중첩하여 올라가는 방법을 썼다. 자중에 의한 수직력과 막힌줄눈에 의한 횡력의 보완이 전탑을 유지하고 있다. 안동 신세동 7층전탑 .

분은 마구리쌓기를 주로 하여 단부에서의 구조적 약점을 보완하고자 하였다.

대부분의 전탑은 그 하부에 얇고 넓은 석재를 깔아 지대석으로 하고 그 위에 벽돌을 조적하여 올라갔다. 이처럼 기단이나 탑신에 화강암을 혼용하는 것은 전탑이 벽돌만으로 축조되는 것과는 의미가 다르다. 이는 가구적인 부분에서 벽돌만으로 해결할 수 없는 것을 석재를 써서 보강하였던 것이다. 고유섭은 이를 '석재에의 애착'이라고 하였는데 벽돌이 지니는 재료적 한계로 인하여 연약한 지반 위에 직접 벽돌을 쌓을 수 없었기 때문이다.

또한 전탑의 층수는 특별한 의미를 갖는다. 조그마한 크기의 재료로 여러 개의 층을 중첩하여 올라가는 것은 다소 큰 재료로 구축하여 가는 것보다 어려웠을 것이다. 현존하는 전탑은 대부분 5층이고 안동 신세동 전탑만이 7층이다. 반면 전탑계 모전석탑은 7층 이상인 데 반하여 석탑계 모전석탑은 5층 이하이다. 특별한 유의성이 있는지 명확하지 않지만 흥미로운 현상이다.

현존하는 전탑

안동 신세동 7층전탑

경상북도 안동시의 북동쪽에 있는 안동댐의 아래에 있다. 철도 바로 옆에 마을 길이 나란히 가고 그 길의 한가운데에 우뚝 솟아 있다. 바로 옆에는 고성 이씨의 종가가 있는데 왠지 어색한 대비를 이룬다. 국보 제16호로 지정된 이 탑은 옛날에는 절의 한가운데에 고고한 모습으로 서 있었을 것이나 지금은 가람의 이름조차도 알려지지 않은 채 외롭게 서 있다.

이 일대를 지금도 법흥리라 부르고 있는데 고유섭은 옛 가람의 이름을 법흥사라 추정하였다. 이는 신세동(新世洞)의 소자명(小字名)이 법흥동(法興洞)이고, 『동국여지승람』의 권24 '안동불우조(安東佛宇條)'에 '법흥사는 안동부의 동쪽에 있다(法興寺在府東)'라 기록되어 이곳이 법흥사가 아닌가 추정하는 것이다. 이 추정을 뒷받침하여 주는 기록으로 선조 41년(1608)에 간행되었다는 안동의 고읍지(古邑誌)인 『영가지』에도 신세동 법흥사에 관한 구절이 있고 안동의 옛 지도에도 법흥사의 위치가 바로 현재 탑의 위치에 해당하므로 늦어도 선조 41년까지는

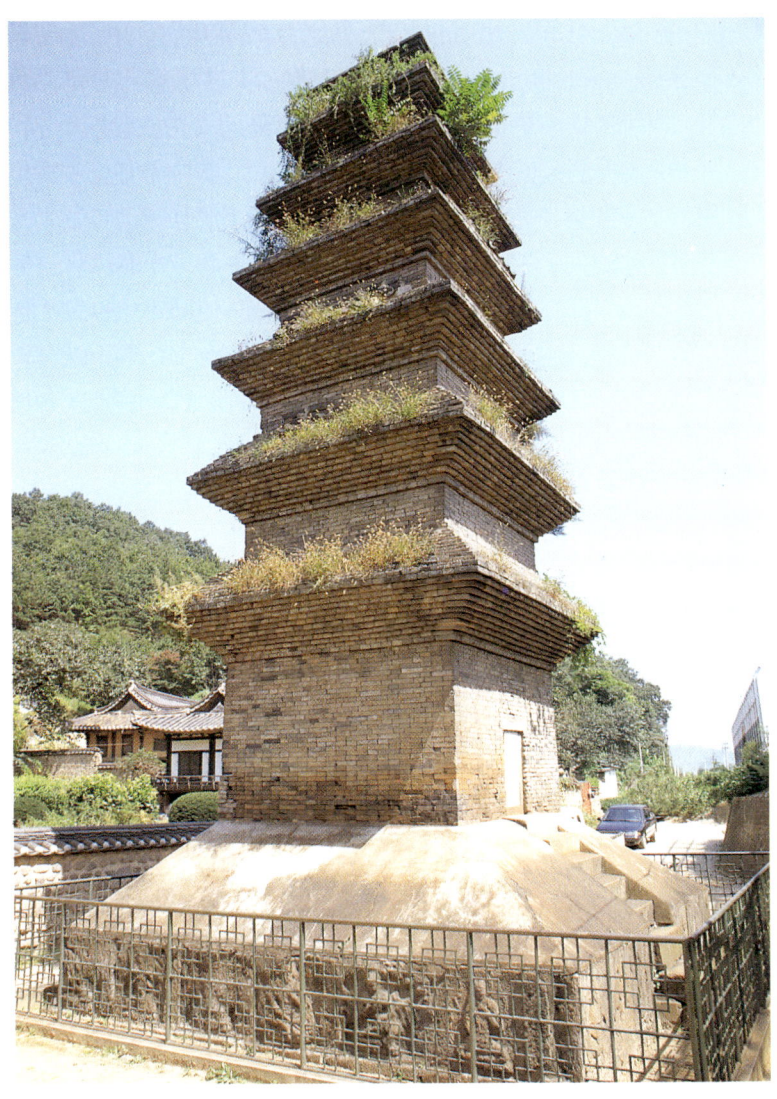

안동 신세동 7층전탑 현존하는 한국의 전탑 가운데 가장 규모가 큰 탑이다. 신라시대인 8세기경에 건립된 것으로 추정되며 높이가 16.4미터에 이른다. 당당한 위풍은 한국 전탑의 대표로 손색이 없다.

법흥사의 보탑으로 공양받았을 것이다.

이 탑은 현존하는 한국의 전탑 가운데 가장 규모가 큰 탑이다. 신라 시대인 8세기경에 건립된 것으로 추정되며 높이가 16.4미터에 이른다. 당당한 위풍은 한국 전탑의 대표로 손색이 없다.

기단은 팔부중상과 사천왕상을 양각한 판석을 한 면에 6매씩 도합 18매를 세웠고, 그 윗면과 1층 탑신 하단까지를 후세에 망측스럽게도 시멘트로 사각형의 육면체를 만들어서 원래의 모습을 알 수 없다. 기단부에 끼워 있는 판석의 조각들도 시대를 달리하는 것이 뒤섞여 있어 원래의 작품이 아닌 것을 알 수 있다. 조각 수법이 탑 건립 당시의 수법으로 볼 수 없다는 점 또한 이 사실을 입증하여 주고 있다. 기단부의 이같은 변형은 『영가지』에 기록된 바 성종 18년(1487)의 개축과 관계가 있을 것으로 보인다. 시멘트로 육면체를 만들어 놓아 정확하게는 알 수 없으나 스기야마 노부조와 고유섭은 원래 2층 기단이었던 것으로 파악하고 있다.

탑신부는 무늬가 없는 짙은 회흑색의 무문전(無紋塼)으로 쌓았다. 1층 탑신 남면에는 감실을 설치하였는데 지금은 판자로 막혀 있다. 탑신의 내부는 방추형으로 하여 사각형의 구멍을 만들었는데 이는 목탑에서와 같이 찰주공(擦柱孔)으로 보여진다.

탑신은 2층부터 급한 체감을 보이고, 옥개석은 미세한 체감률을 나타내는데 다소 고준한 느낌을 준다. 옥개석의 받침 수는 1층부터 9, 8, 7, 6, 5, 5, 3단으로 줄어들며 낙수면의 층단 수는 10, 9, 8, 7, 6, 4, 3단으로 줄어든다. 관찰자마다 층단 수를 계산하는 데 다소 차이가 나타나는데 이것은 낙수면에서 탑신 괴임을 계산하여 넣느냐, 넣지 않느냐 하는 차이에서 생기는 오차이다. 탑신 괴임은 각층마다 두 단의 벽돌을 쌓아 설치하였다.

옥개석 윗면의 곳곳에는 기와가 남아 있어 원래는 기와를 입혔던 것

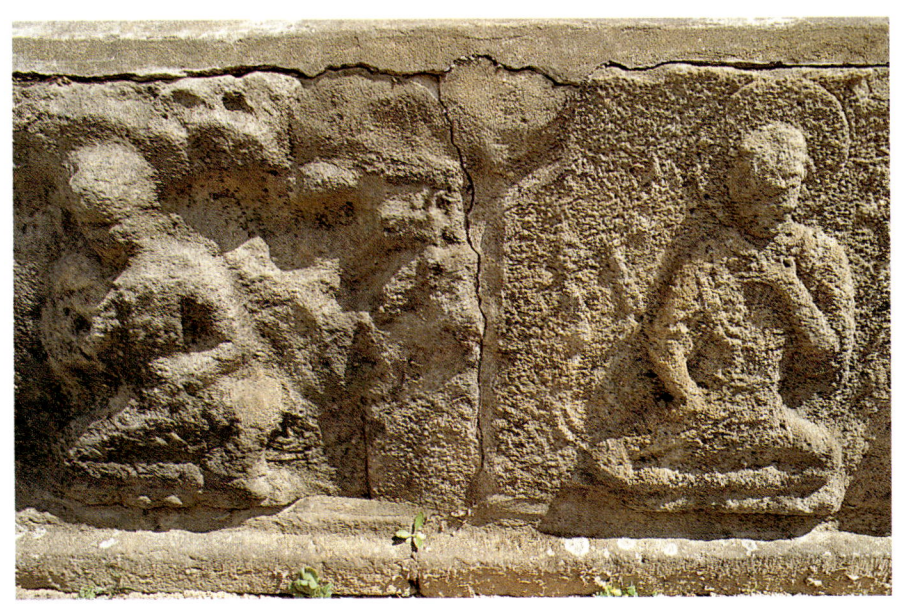

안동 신세동 7층전탑 기단 부분 기단은 팔부중상과 사천왕상을 양각한 판석을 한 면에 6매씩 도합 18매를 세웠고, 그 윗면과 1층 탑신 하단까지를 후세에 망측스럽게도 시멘트로 사각형의 육면체를 만들어 원래의 모습을 알 수 없다.

으로 보인다. 이는 목탑 양식을 흉내낸 것이 아닌가 한다. 옥개석에 기와를 얹은 수법은 옥개석뿐만 아니라 탑신 중앙까지 이어지고 있어 흥미롭다.

상륜부는 현재 노반으로 추정되는 낮은 단만 남아 있다. 원래는 금동제 상륜으로 『영가지』의 기록에는 '위쪽에 금동 장식이 있었다〔上有金銅之飾……〕'고 하였으나 지금은 없다. 조선 성종 18년(1487)에 개축한 적이 있으며 다른 전탑에 비하여 보존 상태가 양호하다.

전반적인 구축 방법은 다른 전탑과 비슷하나 옥개석의 단부인 처마 벽돌이 한 단으로 되어 있지 않고 두 단으로 되었다는 점이 다르다. 이

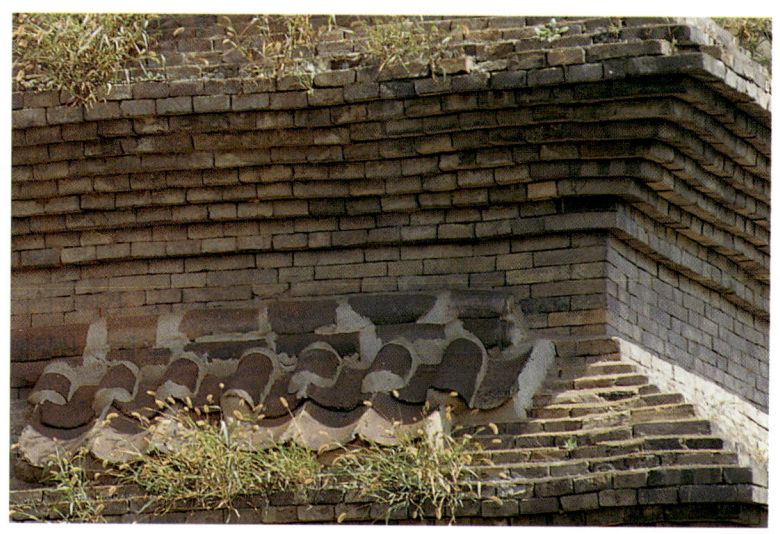

안동 신세동 7층전탑 옥개석의 기와 흔적 옥개석 윗면의 곳곳에는 기와가 남아 있어 원래는 기와를 입혔던 것으로 추정된다. 이는 목탑 양식을 흉내낸 것이 아닌가 하는데 옥개석에 기와를 얹은 수법은 옥개석뿐만 아니라 탑신의 중앙까지 이어지고 있어 매우 흥미롭다.

탑에서 사용한 벽돌의 크기는 길이 28센티미터, 폭 14센티미터, 두께 6센티미터이다. 벽돌 쌓기 방법은 대부분 마구리쌓기를 하였고 옥개석의 추녀 부분에서는 벽돌을 바닥벽돌 모양으로 따로 사용하였다. 이는 균등한 하중을 전면과 측면으로 전달하고자 한 의도라 생각된다.

이 탑은 순수한 전탑이라고 하기에는 곤란하다. 왜냐하면 기단부에 팔부중상이나 사천왕상을 석재로 구축하여 한국적인 석탑의 잔재가 남아 있기 때문이다. 이 기단이 원래의 것인지 아니면 보수하면서 새로이 첨가한 것인지는 분명치 않으나 중국의 전탑처럼 지면에서부터 직접 벽돌로 축조하지 않는 차이점은 주목할 만하다.

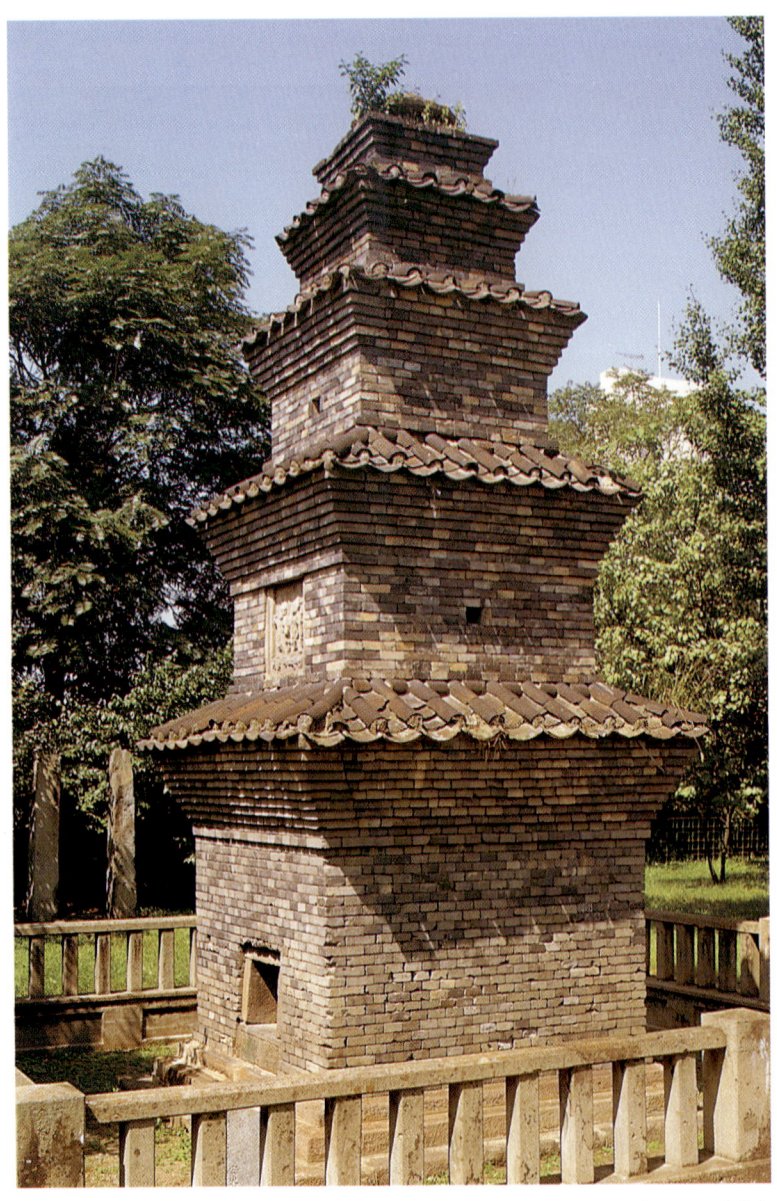

안동 동부동 5층전탑 통일신라시대에 처음 축조된 것으로 보이며 현재 높이는 8.35미터이다. 역의 구내에 있으므로 사람들의 접근이 적어 보존 상태가 양호하다.

안동 동부동 5층전탑

　현재 안동역 구내에 있기 때문에 안동에 살고 있는 사람들조차도 어디에 있는지 잘 모른다. 『영가지』에 의하면 이 탑은 법림사지 탑으로 추정되는데, 이 절터는 지금 안동역 구내가 되었다. 『동국여지승람』에 '법림사는 성의 남쪽에 있다〔法林寺在城南〕'라는 구절이 있어 이 사실을 뒷받침하여 주고 있다.

　안동 신세동 7층전탑과는 그다지 멀지 않은 곳에 위치하고 있으나 규모가 적다. 신세동 7층전탑이 안동의 북동쪽에 있다면 이 탑은 안동의 남쪽에 있다. 보물 제56호로 통일신라시대에 처음 축조된 것으로 보이며 현재의 높이는 8.35미터이다. 역의 구내에 있어 사람들의 접근이 적고 잘 알려지지 않은 까닭에 보존 상태가 양호하다. 탑 바로 옆에는 경상북도 유형문화재 제100호인 운흥동 당간지주가 있는데 동

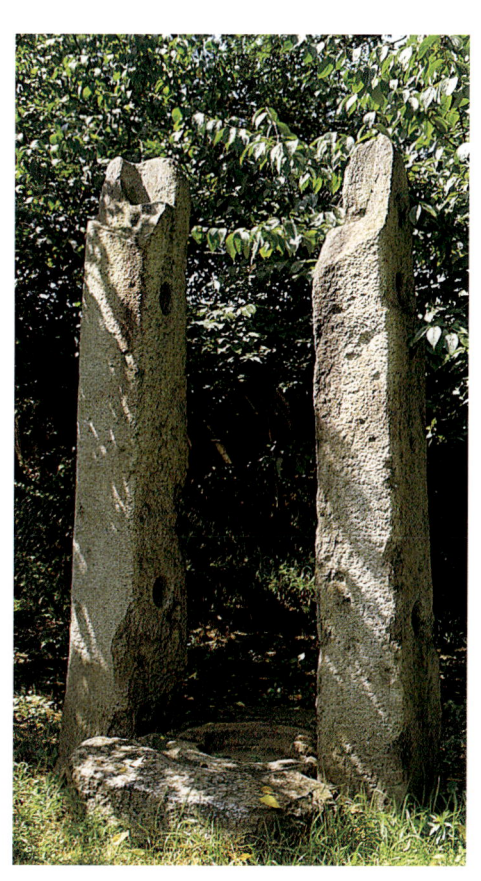

운흥동 당간지주 지금은 안동역 구내가 된 법림사 터에 5층전탑과 함께 있었을 것으로 추정되는 당간지주이다.

부동 5층전탑과 같은 절에 있었던 것으로 추정된다.

동부동 5층전탑의 기단은 주홍색을 띤 화강석으로, 3단의 탑신 받침이 만들어져 있으나 이것이 원형이 아니라고 하는 견해가 있다. 그러나 전탑의 탑신을 직접 지면 위에서 시작하는 중국의 제작 방법과는 달리 우리의 전탑 조형 방법이 기단을 구축하는 경우가 많기 때문에 속단할 내용은 아니다. 이 받침 형태는 두 번째 단과 세 번째 단에 몰딩이 있는데 둥그런 호형(弧形)이 안으로 굽어져 있다. 다시 말하여 내반(內反)된 형식이다.

전탑에서 석재를 사용하는 것은 한국인들의 돌에 대한 집착이 강함을 나타낸다. 대부분의 한국 전탑에서 돌을 기단에 사용하고 있음은 주지하는 바다. 돌에 대한 미련이라 할까 애착이라 할까, 아마도 이것은 벽돌의 사용법을 충분히 구사하지 못한 데에 원인이 있다고 생각된다. 그런데 신라인이 벽돌을 사용하는 방법을 충분히 구사하기 전에 벌써 벽돌의 중요성은 무문전에서 유문전(有紋塼)으로 옮아감으로써 그 중요성이 더욱 증대되었다.

그 밖의 탑신부는 전체를 모두 회흑색의 벽돌로 축조하였는데 문양은 볼 수 없다. 1층 탑신 남쪽 면에는 큰 감실이 만들어져 있고 2층 탑신의 동서남북 4면과 3층 탑신 남쪽 면에는 벽돌 한 장 길이 정도의 크기로 형식적인 감실형이 만들어져 있다.

1층 남쪽 면에 있는 감실은 화강암으로 문설주(門楔柱)와 위아래에 인방(引枋)을 두었는데 하인방에는 안상(眼象)이 새겨져 있어 다른 부재를 끼워 넣은 것 같다. 2층 탑신 남쪽면에는 인왕상 두 구를 조각한 화강암 판석을 끼워 넣었다.

옥개석은 짧고 뭉툭하므로 다른 전탑에 비하여 둔중한 느낌을 준다. 옥개석의 층급 받침은 1층부터 10, 8, 6, 4, 3단의 받침으로 이루어져 있다. 탑의 외관이 둔중하게 보이는 까닭은 벽돌의 내쌓기가 아주 적어

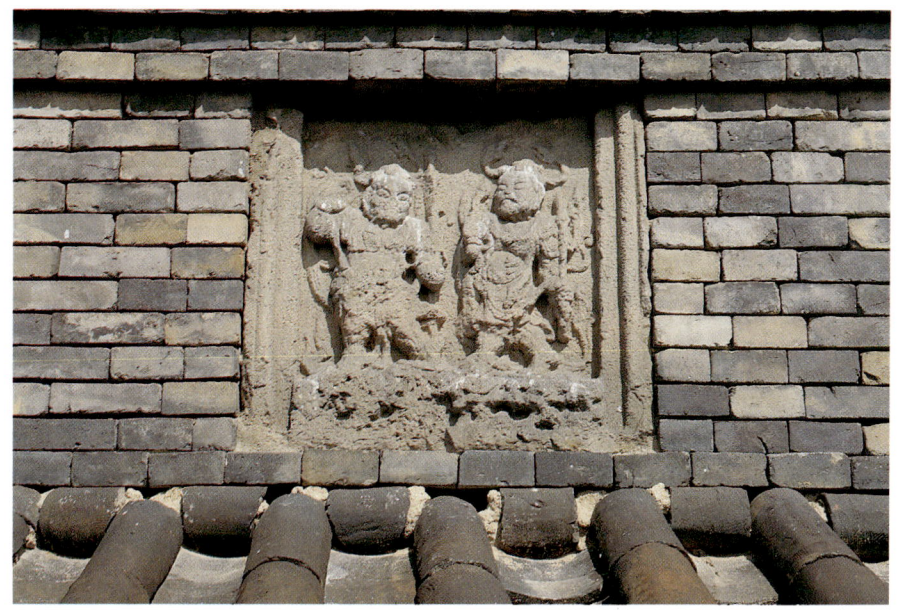

안동 동부동 5층전탑의 2층 탑신 2층 탑신 남쪽면에는 인왕상 두 구를 조각한 화강암 판석이 끼워져 있다.

옥개석이 더욱 짧아 보이기 때문이다. 특히 1층과 2층의 옥개석은 탑신의 맨 위에서 시작될 때 두 단의 벽돌을 겹쳤다. 옥개석의 낙수면 경사는 완만하며 5층을 제외한 옥개석 전체에 기와를 입혔다. 기와를 얹은 수법은 목조 건축과 일치하여 수키와와 암키와를 사용하였고 막새기와 없이 아귀토를 채워 넣었다. 내림마루 부분에는 수키와를 썼으며 망와 등은 사용하지 않았다.

　탑신의 벽돌은 규칙성을 가지고 쌓았는데 벽면의 양쪽 단부에는 마구리쌓기와 길이쌓기 방법을 썼으며 중앙 부분은 마구리쌓기를 주로 하였다. 이것은 단부에서 올 수 있는 균열의 가능성을 막으려 한 시도라 여겨진다. 특히 2층 이상 각층의 맨 아래층 벽돌은 벽돌 폭의 반 정도를 내쌓아 층위(層位)를 이루었으며 튀어나온 아래턱에 옥개석의 기와를 끼워 넣어 기와가 빠져 나오지 않도록 하였다.

5층의 옥개 부분에는 기와가 남아 있지 않으며 세 단 정도의 단을 이룬 다음 망실된 상륜의 일부가 올라가 있다. 상륜부에는 연꽃 무늬가 조각된 복발형(覆鉢形) 석재가 남아 있을 뿐이다. 원래는 금동제 상륜이 있었던 것을 선조 31년(1598) 명나라 장군이 철거하였다고 전한다.

이 탑도 수리를 거치는 동안 원형이 많은 변화를 겪었을 것이라고 추측된다. 다른 전탑에 비하여 둔중한 감을 주고 특히 옥개석의 내쌓기가 적은 반면 단의 수가 많아 높아 보이고 낙수면의 경사가 완만하여 석탑이나 목탑처럼 지붕의 날렵한 곡선미를 느끼기는 힘들다. 이는 전탑이 가지는 재료와 구조적인 한계 때문이다.

안동 조탑동 5층전탑

안동시 일직면 조탑동에 있는 탑으로 보물 제57호로 지정되어 있다. 옛 사찰의 이름을 알 수 없는 지금은 사과밭인 평지의 가람 터에 홀로 남아 외로이 서 있다. 전체 높이는 8.65미터로 통일신라시대에 만들어진 것으로 추정된다. 전탑이면서도 1층의 탑신 부분을 화강암재로 쌓아 올려 화강석과 벽돌을 혼용한 탑으로 전탑으로는 특이한 형식이다. 고유섭의 표현대로 돌에의 미련을 버리지 못한 착상이라 하겠다.

막돌허튼층쌓기 한 모습으로 낮은 축대를 사방으로 쌓고 그 안에 흙을 채운 토축기단(土築基壇) 위에 탑신을 받기 위한 5단의 굽이 있는 화강석 괴임돌을 설치하였다. 탑신 받침 역할을 하는 이 괴임돌이 흙 속에 파묻혀 있기 때문에 하부 구조가 어떤 형태인지는 알 수 없다. 1층 탑신은 이 괴임돌 위에 크기가 같지 않은 화강석을 5단 내지 6단을 쌓아서 축조하였다. 보통의 경우 돌을 쌓을 때는 그 크기를 적당히 맞

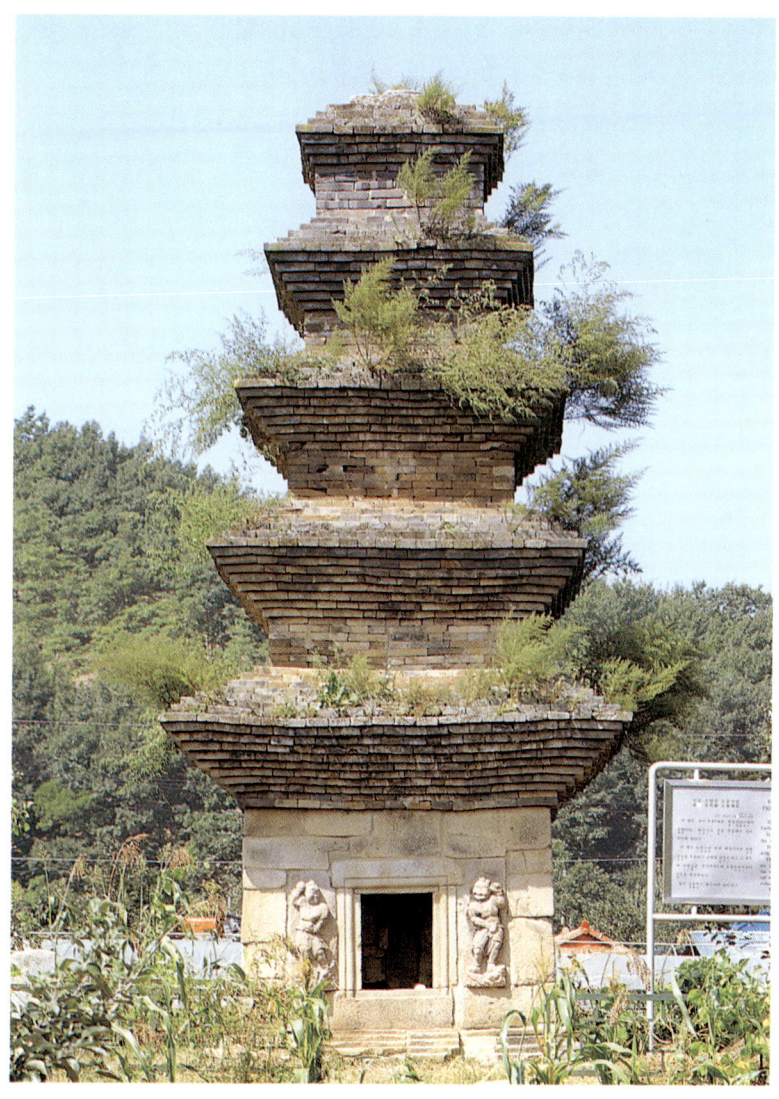

안동 조탑동 5층전탑 전체 높이는 8.65미터로 통일신라시대에 만들어진 것으로 추정된다. 전탑이면서도 1층 탑신 부분을 화강암으로 쌓아 올려 화강석과 벽돌을 혼용한 탑으로 전탑으로는 특이한 형식이다.

추는 것이 일반적인데 이 경우는 돌의 크기나 높이가 서로 다르고 반턱의 쪽매를 두는 경우도 있어 매우 흥미롭다. 이 부분은 초창기의 것이 아니라 혹시 나중에 보수한 것이 아닌가 하는 의아심이 생긴다. 그 이유는 정교한 인왕상이나 문선대 부분에 비하면 1층 탑신의 조형 감각이 격에 맞지 않기 때문이다.

남쪽에는 따로 화강석으로 문선대와 상인방을 만들어 감실을 만들고 그 좌우에는 인왕상을 배치하였다. 감실문의 크기는 폭 56센티미터, 높이 66센티미터이며 감실 내부에는 각형의 목재 심주(心柱)가 남아 있는데 외견으로 보아서는 그다지 오래되지 않은 것 같다.

1층 옥개석부터는 벽돌로 쌓았고 탑신은 2층부터 급격히 체감되며

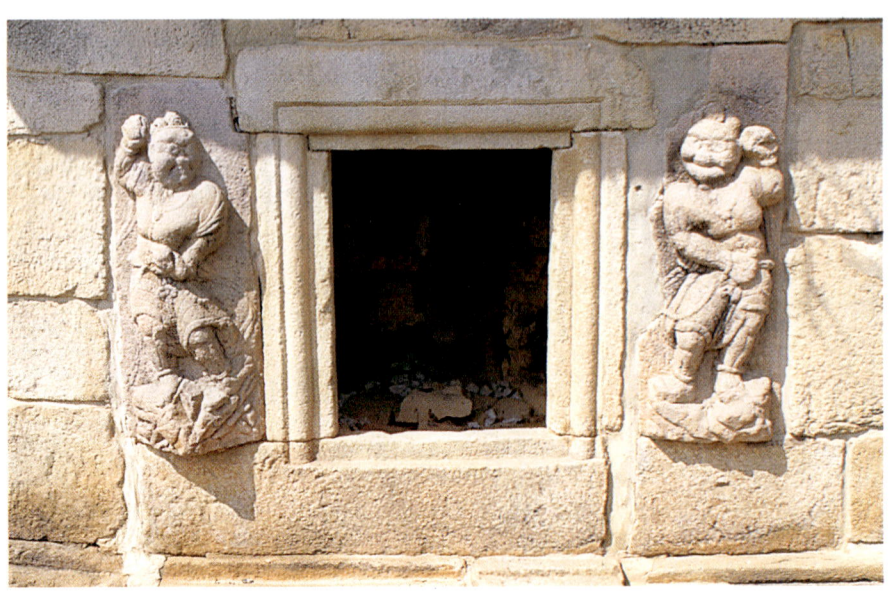

안동 조탑동 5층전탑 감실 1층 탑신은 크기가 다른 화강석으로 축조하였는데 남쪽면에는 따로 문선대와 상인방을 만들어 감실을 만들고 그 좌우에는 인왕상을 배치하였다.

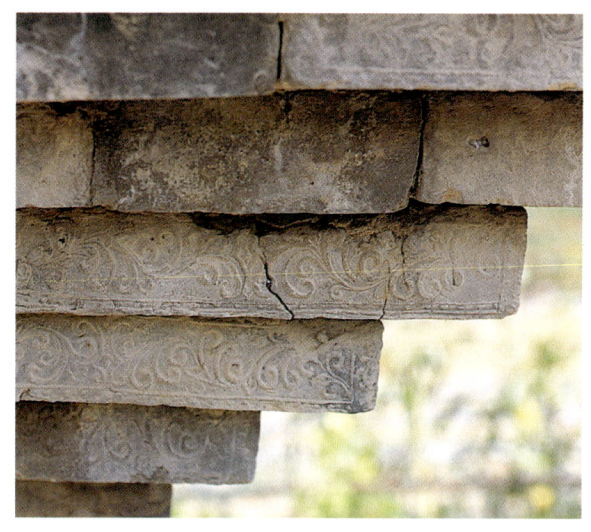

옥개에는 상하에 많은 층단이 있다. 곧 옥개 하부의 단은 1층이 10단, 2층이 8단, 3층이 7단, 4층이 6단, 5층이 3단이고 낙수면은 1층 7단, 2층 5단, 3층 5단, 4층 4단, 5층 4단을 이루었다. 모든 단들이 한 개의 벽돌을 길이쌓기 하였는데 1층 옥개석의 하부 제1단은 두 단의 벽돌을 쌓아 한 단을 이루었다. 2층과 4층 남면에 예전에는 감실형이 있었다고 전하지만 지금은 흔적이 없다.

이 탑은 건립할 때 두 종류의 벽돌을 사용한 것 같다. 모서리에 사용한 벽돌은 약 28센티미터의 사각형 벽돌로 두께는 6센티미터보다 약간 적다. 다른 벽돌은 이 벽돌을 반으로 나눈 것으로 주로 벽면의 축조에 사용하였다. 또한 벽돌 가운데에는 당초문을 양각한 것들이 있는데 아마도 창건 당시의 것으로 추정된다. 그러나 뒤에 여러 차례 보수가 이루어진 것으로 보여 남아 있는 수효는 얼마 되지 않는다. 이러한 점으로 보아 탑 전체의 외관에도 약간의 변형이 있었을 것으로 판단된다.

송림사 5층전탑

경북 칠곡군 동명면 구덕동에 소재한 송림사의 주불전(主佛殿)인 대웅전 앞에 있다. 전체의 높이는 16.13미터로 통일신라시대에 건립된 것으로 추정되며 보물 제189호로 지정된 전탑이다.

막돌을 외벌대로 쌓아 낮은 외곽을 만들고 그 위에 두 단의 탑구형(塔區形) 기단을 구축한 다음 탑을 세웠다. 장대석을 돌려서 만든 낮은 두 단의 토단은 기단 형식을 하고 있다. 양쪽의 우주와 세 개의 탱주가 각 면에 돌려져 있고 갑석(甲石)은 얇은 판석을 외곽만 덮었다. 이 토단의 중앙에는 다시 화강석으로 한 단의 탑신 받침을 마련하였다.

탑신 부분을 이루는 옥개와 탑신은 정사각형과 직사각형의 두 가지 벽돌을 사용하여 쌓았다. 정사각형의 벽돌은 주로 탑신과 옥개의 모서리 부분에 사용하였는데 그 크기는 가로 28센티미터, 세로 28센티미터, 높이 5.5센티미터 정도로 마치 인도를 포장하는 벽돌과 같다. 직사각형 벽돌은 정사각형 벽돌을 반으로 나눈 크기이다. 이들 가운데 문양전(文樣塼)이 몇 매 남아 있어 후대에 수리하였음을 말하여 주고 있다. 1층의 탑신 받침은 두 단의 벽돌을 수평으로 쌓고 그 위에 세워 쌓아 석재로 탑신 받침을 만든 다른 탑들을 흉내낸 것 같다.

옥개 받침은 1층부터 9단, 7단, 7단(진홍섭은 6단이라 함), 6단, 4단이고 낙수면의 층단은 1층부터 11단, 9단, 8단, 7단, 5단이다. 이와 같은 많은 층단으로 인하여 옥개 부분이 전탑으로는 다소 넓어졌고 탑신의 체감률 또한 안정된 비례를 보여 주고 있다.

탑 정상의 상륜부는 네 모서리에 풍경이 매달린 철판을 얹은 노반을 벽돌로 쌓아 맨 아래에 두고 있다. 그 위에 동판으로 싼 목심찰주(木心擦柱)에 동으로 만든 복발, 앙화, 보륜, 수연, 용차, 보주가 차례로 꽂혀 있다. 상륜부의 높이는 4.5미터에 달하며 철제 상륜으로는 희귀한

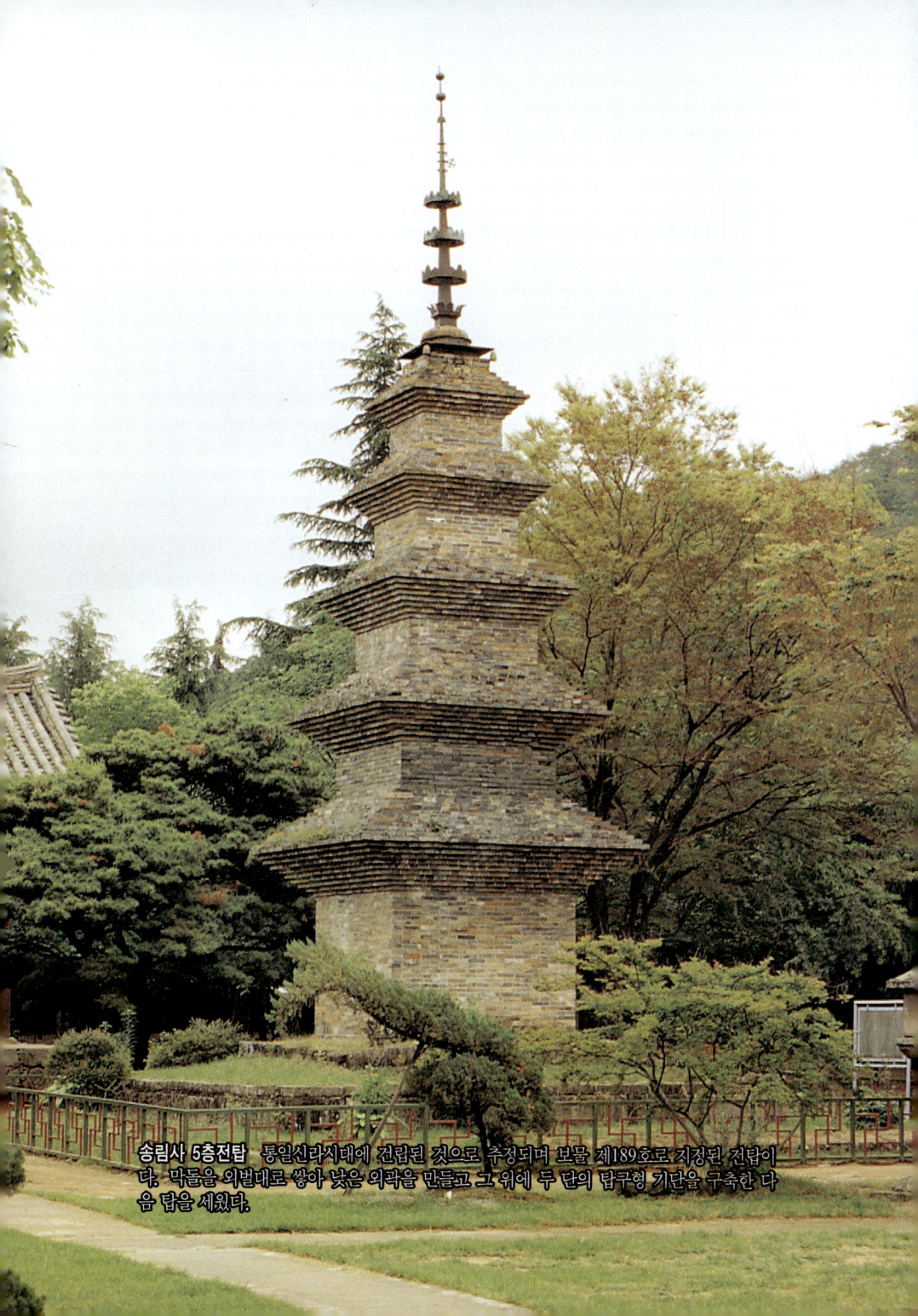

송림사 5층전탑 통일신라시대에 건립된 것으로 추정되며 보물 제189호로 지정된 전탑이다. 막돌을 외벌대로 쌓아 낮은 외곽을 만들고 그 위에 두 단의 탑구형 기단을 구축한 다음 탑을 세웠다.

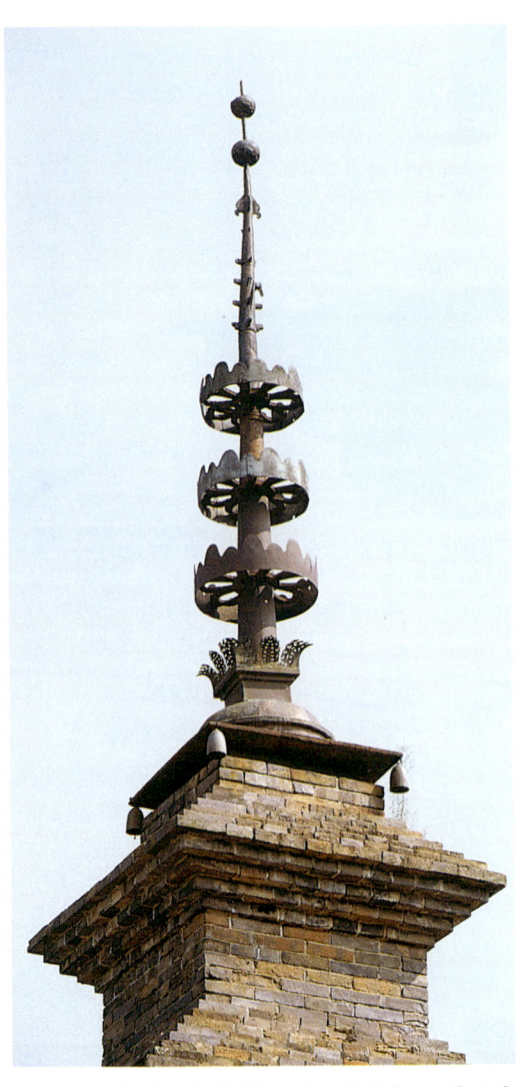

예다. 다만 이 상륜이 신라시대에 만들어진 것인지 여부가 아직 뚜렷이 밝혀지지 않고 있다.

1959년 해체, 보수가 있었는데 그 결과 1층 탑신 남면에는 감실이 있음이 밝혀졌다. 그리고 2층과 3층의 옥개와 상륜에서는 각각 사리장엄구(舍利莊嚴具)가 발견되어 보물 제325호로 지정되어 현재 중앙박물관에 보관중이다. 이 사리장엄구 가운데에는 고려 청자가 포함되어 있고 1층 탑신의 감실에는 조선시대의 목불이 안치되어 있어 역대에 걸쳐 여러 번 보수를 하는 동안 1층 탑신을 막는 등의 변형이 있었을 것으로 추측된다.

송림사 5층전탑 상륜부 노반 위에 동판으로 짠 목심 찰주에 동으로 만든 복발, 앙화, 보륜, 수연, 용차, 보주가 차례로 꽂혀 있다. 상륜부의 높이는 4.5미터에 달하며 철제 상륜으로는 희귀한 예다.

신륵사 다층전탑

경기도 여주군 북내면 천송리의 신륵사 경내에 있는 전탑이다. 고려 시대에 제작된 것으로 추정되며 높이는 9.4미터에 이른다. 한국에 몇 기밖에 남아 있지 않은 전탑은 통일신라시대에 주로 안동 지방을 중심 으로 조성되었는데, 신륵사 다층전탑은 고려시대 경기 지방에서 축조 된 것으로 시기적으로나 지역적으로 유일한 존재라 할 수 있어 관심을 끈다.

이 탑의 건립 연대는 신륵사의 건립 연대와 같은 고려로 추정하고 있 다. 그리고 창건 당시의 모습은 현재와는 크게 달랐을 것으로 생각된 다. 그 이유는 탑 옆에 영조 2년(1726)에 세워진 수리비가 서 있는데, 비의 기록에 의하면 건비(建碑) 연대가 '숭정기원지병오(崇禎紀元之丙 午)'로 되어 있기 때문이다. 이때는 영조 2년에 해당하므로 당시의 수 리로 오늘날의 형태와 같은 모습으로 되었을 것이라 짐작된다.

이 탑은 한강의 지류인 여강에 면한 암반 위에 세워져서 가람의 중심 위치에서는 벗어나고 있으나 주위의 경관과 잘 어울리고 있다. 이 탑을 세우는 위치로 강을 향하여 돌출한 암반을 택한 것은 고려시대의 석탑 에서 자주 볼 수 있는 것으로 신라 하대 이래의 유풍(遺風)을 따른 것 이라 할 수 있다. 바로 밑에는 고려시대 작품으로 추정되는 자그마한 5 층탑이 있다.

신륵사 다층전탑은 기단 외곽에 장대석으로 탑구(塔區)를 만들고 그 중앙에 탑을 세웠다. 기단은 8열의 화강암을 쌓아 층단을 이루었으나 단의 수는 5단으로, 그 위에 탑신부를 쌓아 올렸다. 기단부 아랫단의 중앙에는 한 개의 석재를 약간 튀어나오게 하였는데 자(子), 오(午), 유(酉), 묘(卯) 등의 글자가 새겨져 있어 좌향을 나타내고 있음을 알 수 있다.

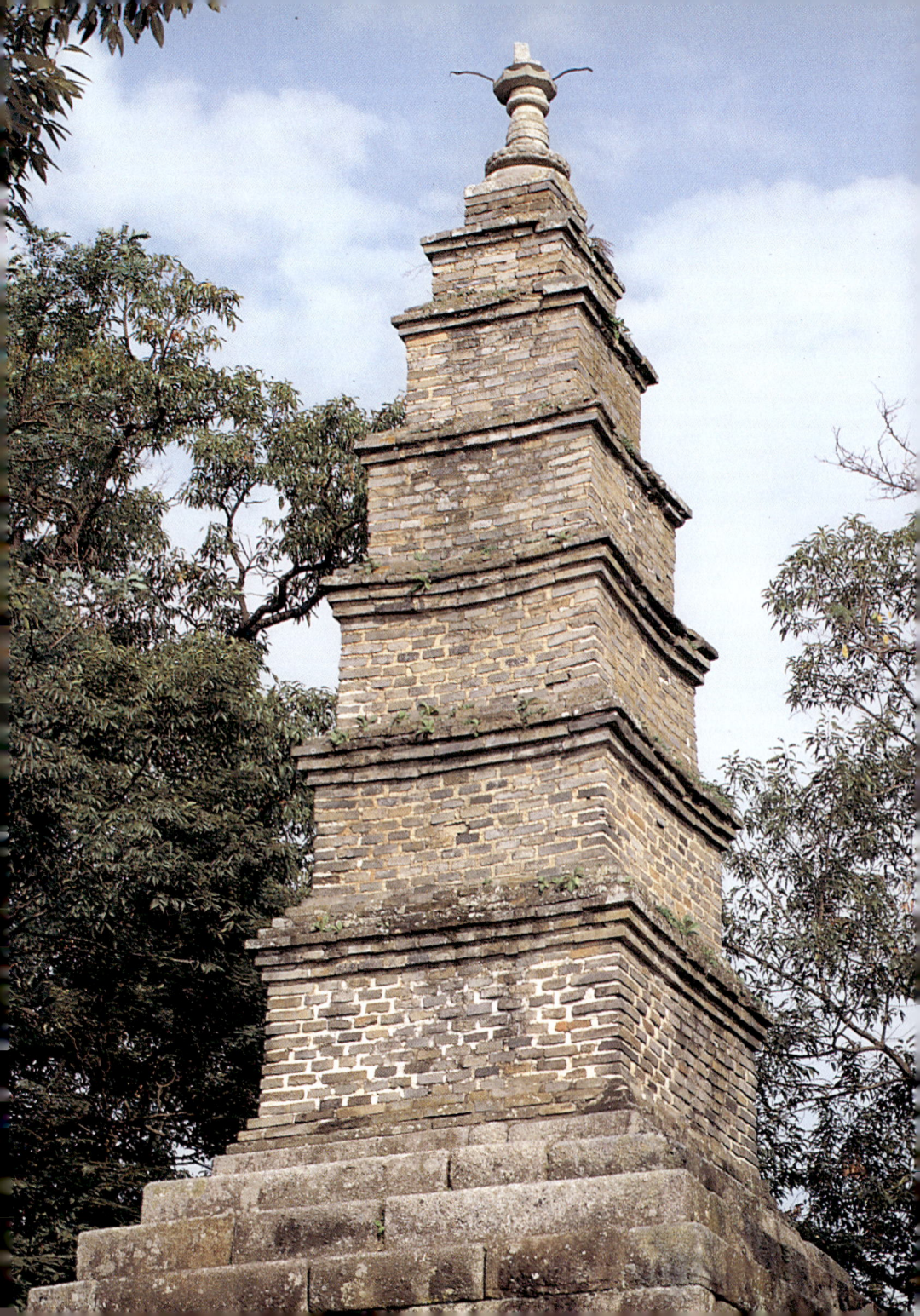

제일 윗단의 기단석 위에는 탑신의 벽돌을 쌓기 시작하면서 3단의 벽돌을 들여쌓은 다음 1층 탑신을 위한 벽돌을 쌓고 있다. 이것은 석탑의 탑신 괴임과도 유사하다.

탑신부는 벽돌로 구축하였으며 6층까지 있으나 그 위에 다시 한 층이 더 있어 7층처럼 보인다. 옥개 받침은 3층까지가 두 단이고 4층부터는 한 단이다. 옥개 상면의 받침수는 1층이 4단, 2층부터는 두 단으로 되어 있다. 옥개는 각층이 탑신에 비하여 짧고 좁아 단촉(短促)되는 등 간략화된 수법을 나타내고 있다. 반면 탑신은 다른 전탑보다 체감 비율이 적어 세장(細長)한 감을 준다.

벽돌 가운데에는 창건 당시의 것으로 보이는 반원 안에 당초문을 새긴 벽돌들이 섞여 있으며, 안동 지방의 전탑과는 달리 높고 가늘게 솟아 고준(高峻)한 감을 주고 있다.

벽돌 사이의 줄눈은 2센티미터 정도로 두껍고 백색이나 황색의 모르타르를 사용하였다. 탑신 부분의 벽돌은 직사각형의 벽돌을 사용하였고 옥개석의 벽돌은 현재 바닥용 벽돌로 사용하고 있는 평평한 벽돌을 사용하였다.

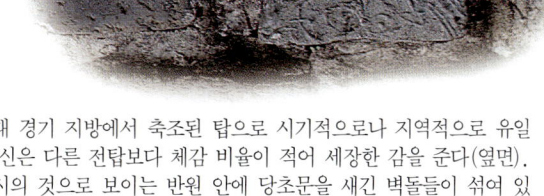

신륵사 다층전탑 고려시대 경기 지방에서 축조된 탑으로 시기적으로나 지역적으로 유일한 존재라 할 수 있다. 탑신은 다른 전탑보다 체감 비율이 적어 세장한 감을 준다(옆면). 벽돌 가운데에는 창건 당시의 것으로 보이는 반원 안에 당초문을 새긴 벽돌들이 섞여 있다. (위)

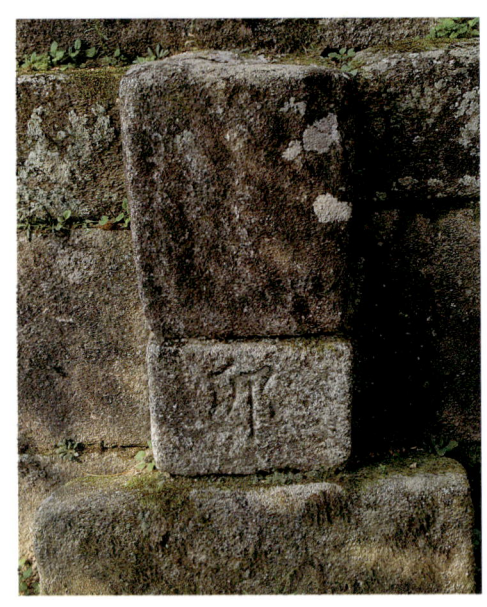

신륵사 다층전탑 기단 기단부 아랫단의 중앙에는 한 개의 석재를 튀어나오게 하였는데 자(子), 오(午), 유(酉), 묘(卯) 등의 글자가 새겨져 있어 좌향을 나타내고 있음을 알 수 있다.

상륜부에는 라마탑형의 석재로 만든 보륜(寶輪)을 올렸으며 그 위에는 다시 8각형의 부재가 얹혀져 있다. 옥개 부분의 중앙이 내려앉는 등 다른 전탑들에 비하여 다소 퇴락하였다.

안동 금계동 다층전탑

안동시 풍천면 금계동에 있는 폐탑이다. 금계동에 이르는 길은 하회마을 쪽에서 가는 방법이 있고, 일직면의 조탑동 5층전탑 앞을 지나가는 방법이 있는데 두 번째 방법이 편리하다. 탑의 동쪽에는 탑골마을이 있고, 탑 바로 옆으로는 도랑이 흐르고 있다. 주변은 밭과 논으로 둘러싸여 있으며 북쪽으로 약 10미터 떨어진 곳에는 조그마한 석불좌상이 있다. 옛 절터의 경역으로 추정되는 주변에는 기와 조각들이 보이나 초

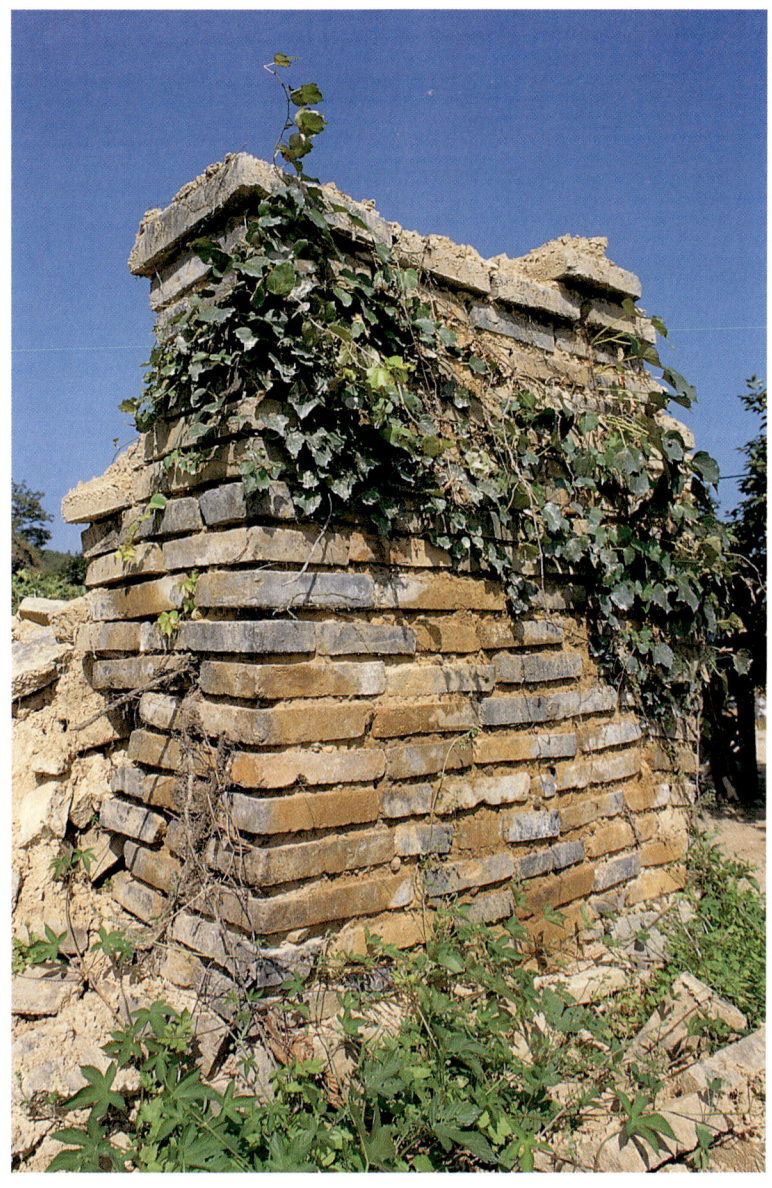

안동 금계동 다층전탑 이 탑은 1층 탑신 부분만이 원래의 모습이고 나머지는 파손되었는데 1970년대쯤 동네 사람들이 1층 옥개석을 쌓아 현재의 모습처럼 1층으로 만들었다

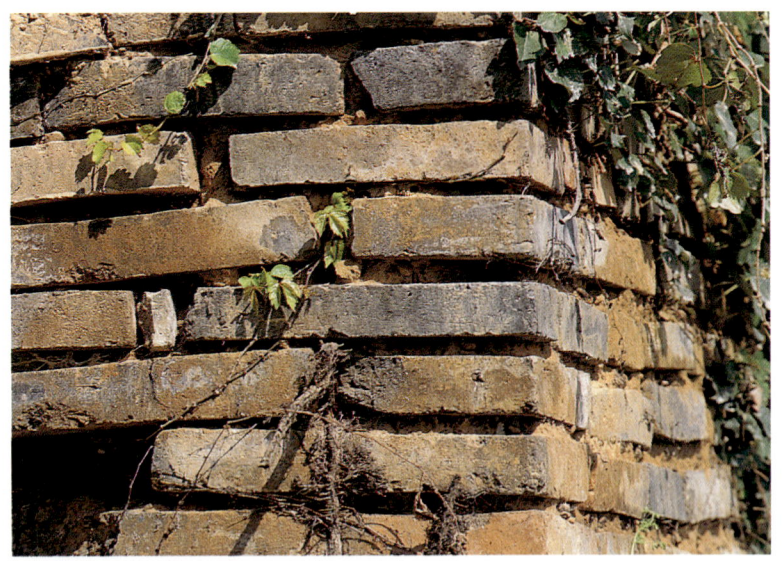

안동 금계동 다층전탑의 벽돌 쌓기 벽돌은 황색 혹은 흑회색의 무늬가 없는 것으로 높이 5센티미터, 길이 27센티미터 가량의 크기이다. 온 토막의 벽돌과 반 토막의 벽돌이 섞여 사용되었으며 파손된 부분으로 보이는 내부는 잡석으로 가득 채워져 있다.

석 등은 나타나지 않고 있다.

진홍섭은 『영가지』 '고적조(古蹟條)'와 '산천조(山川條)'의 내용으로 미루어 화인사지(化人寺址)로 추정하고 있다. 다만 현재의 전탑을 석탑으로 표현한 것은 잘못된 것이라 보고 있다.

이 탑은 유감스럽게도 1층 탑신 부분만이 원래의 모습이고 그 이상은 1970년대쯤 파손된 것을 동네 사람들이 1층 옥개석을 쌓아 현재의 모습처럼 1층으로 만들었다.

벽돌은 황색 혹은 흑회색의 무늬가 없는 것으로 높이 5센티미터, 길이 27센티미터 가량의 크기이다. 온 토막의 벽돌과 반 토막의 벽돌이 섞여 사용되었으며 파손된 부분으로 보이는 내부는 잡석으로 가득 채워져 있다.

탑의 원래 모습을 살필 수 있는 유일한 자료로는 1955년 경주박물관 관장으로 있던 진홍섭이 이곳을 답사하고 쓴 보고서가 있다. 진홍섭의 보고서를 인용하여 당시 상황을 유추하는 참고로 삼고자 한다.

본탑(本塔)을 자세히 보면, 기단은 안동 일직면 전탑이나 칠곡 송림사 전탑과 같은 토석(土石)으로 축조한 다음 제일 탑신을 받치기 위하여 야석(野石)을 1층 깔았다. 장(帳)이 고르지 않은 전재(塼材)로 축조하여 현재 4층만이 남아 있으나 원래는 5층이 아니었던가 생각된다. 탑신의 높이(高)는 제2층부터 현저히 줄어들었고 장도 차례로 줄어들었다. 제2층 전신(塼身)과 제4층면에 작은 감실을 개설하였다. 옥개는 파괴가 심하고 제1층 옥개는 특히 심하다.

옥개는 다른 전탑에서와 같이 밑에 받침이 있고 낙수면에 층단(層段)이 있다. 각층의 받침 수는 1단부터 7단, 6단, 5단, 4단, 3단이며, 제4층의 옥개의 층단 이상은 붕락(崩落)되어 불명(不明)하다. 옥개에 즙와(葺瓦)한 흔적은 전연 찾아볼 수 없었고, 제1층 옥개와 제1층 탑신에 해당하는 중심부에 사리 장치를 하였던 예혈이 보인다. 전색(塼色)은 회흑색을 띠었고 간혹 요변(窯變)하여 자색을 띤 것이 있으나 문양은 전연 없다. 현재 북으로 약 십오도 경사되어 있으나 전신에 덩굴이 감겨 겨우 완전 붕괴를 면하고 있다.

당시의 실측 결과는 다음과 같다.
현재 전체 높이 4.66미터
        벽돌 높이 0.05미터
        기단 폭 약 2.5미터

탑신	폭	높이
제1층	1.22미터	1.38미터
제2층	1.02미터	0.52미터
제3층	0.86미터	0.4미터
제4층	0.75미터	0.23미터

옥개	최장(最長) 폭	높이
제1층	2.12미터	0.75미터
제2층	1.58미터	0.63미터
제3층	1.4미터	0.46미터
제4층	1.2미터	0.29미터

모전석탑

    모전석탑이란 전탑을 모방하여 벽돌 모양의 조그마한 석재로 건조된 탑을 말한다. 그러나 이러한 탑 외에도 옥개석을 몇 개의 석재로 만들고 옥개석의 상부 낙수면과 하부 층급 받침에 층단을 이루게 하여 마치 전탑의 옥개석과 같은 모습을 한 탑들을 말하기도 한다. 우리나라에는 전탑보다는 모전석탑이 더 많이 세워졌던 것으로 보이며 이 두 가지 모전석탑의 대표적인 예로 전자는 분황사 모전석탑을, 후자는 의성 탑리 5층석탑을 들 수 있다.

    삼국시대 우리나라의 석탑은 반도의 동서에서 각기 다른 모습으로 출발하였다고 보는 견해가 일반적이다. 반도의 서쪽에 위치한 백제는 목탑 양식을 기본으로 하여 나중에 석재로 그 완형(完形)을 만들어 간 반면 반도의 동쪽에 위치한 신라는 먼저 목조탑의 형식을 취하였으나 중국식 전탑을 모방한 양식으로 석탑의 시원을 이룩하였다. 백제 탑은 목조탑의 세부 수법을 석재로 옮긴 일종의 건축적 기법을 나타내고 있으나, 신라 탑은 석재를 잘게 자른 네모난 석재를 마치 벽돌 쌓듯이 하여 이른바 모전석탑을 거쳐 신라의 전형적인 석탑을 완성하기에 이르렀다. 그 대표적인 예로 전자의 경우는 익산의 미륵사지 석탑을 들 수 있겠고, 후자의 경우는 분황사 모전석탑을 들 수 있겠다.

분황사 모전석탑이 신라 석탑의 조형(祖型)을 이루고 있음은 주지의 사실이나 물론 이 탑은 전탑이 아니고 석편(石片)을 와전(瓦塼)같이 모방한 석탑으로 그 수법이 중국의 대안탑과 동일하다는 점에서 전탑 형식에 속한 것이라 볼 수 있다.

그렇다면 순수한 전탑과 이를 모방한 모전석탑의 두 종류는 어떠한 관계가 있으며 왜 안동과 제천, 경주를 중심으로 한 지역에 집중되고 있는지 의문이 생기게 된다. 일반적인 경우, 사람이란 더 쉽고 편안한 방법을 택하였을 것인데 어찌 보면 이들의 발생 순서가 정반대로 나타나고 있다는 점이 퍽 흥미롭다. 또한 신라의 옛 땅에 거의 집중되고 있는 점도 마찬가지이다.

전탑계 모전석탑

현재 알려진 전탑계 모전석탑에는 분황사 모전석탑, 제천 장락리 7층 모전석탑, 제천 교리 석탑, 영양 현 2동 5층 모전석탑, 영양 봉감동 5층 모전석탑, 영양 삼지리 3층 모전석탑, 상주 상병리 석심회피탑(현재는 없음), 정선 정암사 수마노탑, 안동 대사동 석탑, 군위 남산동 석탑이 있다. 이 탑들에서 살펴본 전탑계 모전석탑의 특징을 꼽으면 다음과 같다.

전탑계 모전석탑은 석재를 벽돌 모양으로 조그맣게 잘라 탑신과 옥개 등 탑의 전체를 축조하였으며 옥개석의 층급은 전형적인 석탑에 비하여 많다. 기단은 단층이고 흙과 돌을 혼용하거나 화강암으로 축조하였는데 1층 탑신을 받기 위한 화강암의 받침을 마련하였다. 이는 한국의 전탑에서 공통적으로 나타나는 모습이다.

또 다른 특징은 감실을 설치한 점이다. 4면에 설치하는 것이 원칙이며 한 면에만 마련하는 것은 약식이다. 감실의 문주(門柱)나 이맛돌 등은 화강암을 이용하였으며 7층 이상이 많고 경북 지방에 집중되나 충북과 강원 지방에도 나타난다.

분황사 모전석탑

신라의 석탑은 일반적으로 전탑을 모방하는 데서 출발하였다고 한다. 신라의 석탑으로 가장 크고 예스러운 것은 경주의 분황사 모전석탑으로 국보 제30호로 지정되어 있다. 이 탑은 얼핏보면 전탑 양식에 속한 것 같으나 탑을 구성하고 있는 재료는 벽돌이 아니고 석재이다. 이 석탑은 분황사의 창건 연대와 같은 선덕여왕 3년(634)에 낙성된 것으로 추정되므로 백제의 무왕대와 같은 때 축성된 것이라 볼 수 있는데 신라 석탑의 출발은 여기에서 비롯한 것으로 보인다. 선덕여왕 대는 분황사 외에도 영묘사를 비롯 황룡사 9층탑이 완성되는 등 많은 불교 건축물이 조성되었다.

분황사 모전석탑은 현재 전체 높이가 9.3미터이며 흑갈색의 안산암 소석재를 벽돌 모양으로 다듬어서 쌓은 전탑 양식을 모방한 석탑이다. 이 탑의 층수는 『동경잡기(東京雜記)』의 기록에 따라 9층으로 추정하고 있다.

분황사 모전석탑을 지키는 돌사자

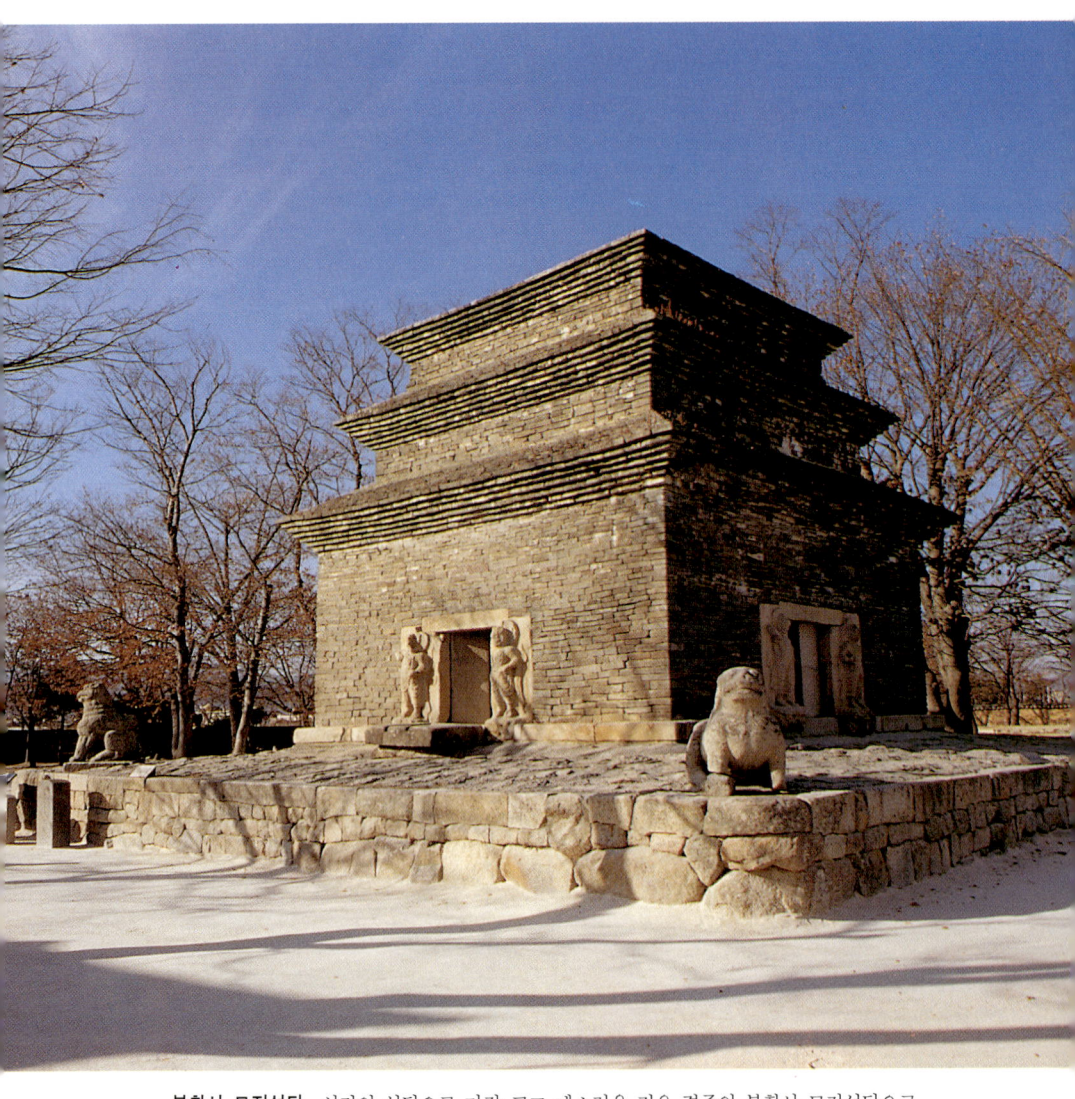

분황사 모전석탑 신라의 석탑으로 가장 크고 예스러운 것은 경주의 분황사 모전석탑으로
국보 제30호로 지정되어 있다. 이 탑은 얼핏 보면 전탑 양식에 속한 것 같으나 탑을 구성
하고 있는 재료는 벽돌이 아니고 석재이다.

기단은 자연석으로 고르게 쌓은 넓찍한 단층으로 전탑 기단의 일반적인 형식을 하고 있다. 그 중앙에는 탑신부를 받기 위하여 화강암 장대석을 결구한 한 단의 높직한 괴임대를 마련하였다. 탑신부는 길이 30 내지 45센티미터, 두께 4.5 내지 9센티미터의 회흑색 안산암을 절단하여 각층의 탑신과 옥개석을 축조하였으므로 외형상으로는 전탑과 같다. 돌의 크기를 맞추어 정연하게 치석하고 잘 쌓았기 때문에 이 탑을 모전석탑이라 부르고 있는 것이다.

1층 탑신은 다른 층에 비하여 특별히 높으며 사방의 각면에는 감실을 만들었고 그 출입문 양쪽에 각각 화강암으로 인왕상을 조각하였는데 조각 수법이 삼국시대의 특징을 잘 나타내고 있다. 옥개 받침의 층단은 1층과 2층이 10단씩이고 3층은 방추형으로 모전석들을 수습하고 정상에 화강암으로 만든 앙화를 얹고 있다.

이 탑은 상층부가 파손된 것을 1915년에 수리하여 현재의 모습과 같이 되었는데 이 형태가 과연 어느 정도 원형을 보존하고 있는지 의문이다. 수리 당시 2층과 3층 사이에서 석함(石函) 속에 장치된 사리 장엄구가 발견되어 각종 옥류, 가위, 금, 은, 바늘 등과 함께 숭녕통보(崇寧通寶), 상평오주(常平五珠) 등의 옛날 돈이 발견되었다. 이 돈들은 고려시대의 것이기 때문에 창건 당시의 사리장치에 추가하여 고려시대에 이르러 보수하고 옛 돈들을 봉납하였던 것으로 추측된다.

분황사의 창건이 선덕여왕 대라는 기록이 전하므로 이 석탑의 건립은 그 당시로 보고 있으며 조탑 양식이나 인왕상의 조각 수법으로 보아도 이 추정은 타당한 것으로 여겨진다. 한편 기단 네 귀퉁이에는 돌사자[石獅子] 한 구씩을 배치하였는데 이것이 과연 초창기 때부터의 조각 배치인지는 의문이다.

이 탑은 장대석으로 구축한 단층의 기단을 갖추고 그 중앙에는 탑신부를 받기 위한 넓찍한 한 단의 화강암 판석 괴임대가 마련되어 있는데 탑재는 백제 석탑과는 달리 회흑색의 안산암이다. 이 안산암을 소형의 직사각형 벽돌 모양으로 절단하여 쌓아 올림으로써 전탑형을 이루었으니 백제 석탑과 다른 점이 여기에 있다고 하겠다. 여기서 또 한 가지 석재에 대한 집착을 지적할 수 있다.

1층 4면에는 감실이 설치되어 있고 그 좌우에는 감실을 수호하는 인왕입상이 배치되어 있는데 이들은 모두 화강암을 사용하고 있다. 곧 화강암으로 상인방, 문지방석, 인왕상이 있는 문주석(門柱石)을 가구하고 돌문비 두 짝을 달았다. 문비(門扉, 문짝)는 잘 다듬은 판석인데 문설주 쪽의 좌우 양단 상하에 지도리 구멍을 파서 감실 안쪽으로 문을

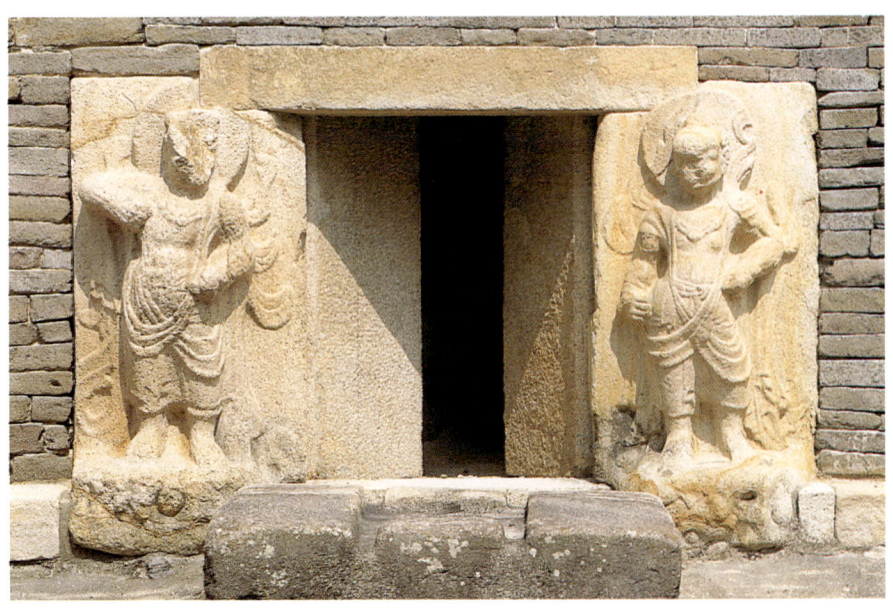

분황사 모전석탑 감실 입구의 인왕상 1층 탑신은 다른 층에 비하여 특별히 높으며 사방의 각 면에는 감실을 만들었고 그 출입문 양측에 각각 화강암으로 인왕상을 조각하였는데 조각 수법이 삼국시대의 특징을 잘 나타내고 있다.

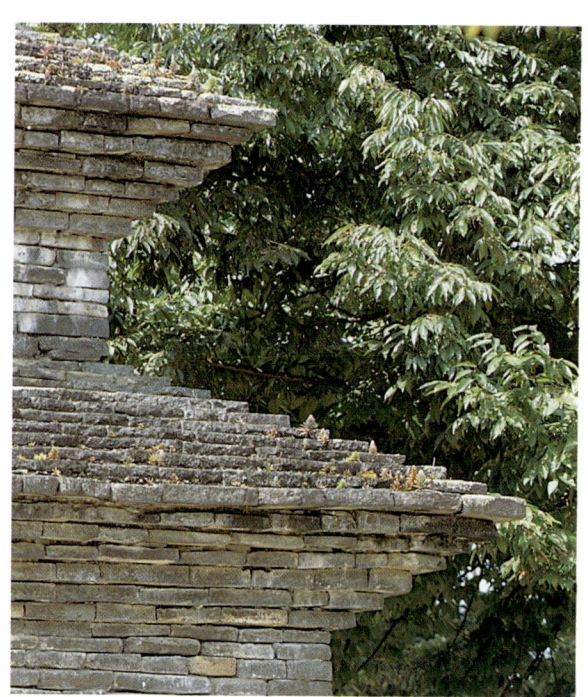

분황사 모전석탑 옥개
옥개 받침의 경우 윗층으로 올라갈수록 경사가 급해지고 있는데 이는 층단을 내쌓을 때 조금씩 덜 내쌓았다는 결론이 된다. 낙수면의 경우 옥개 받침보다 경사가 완만하다.

열도록 하였다. 인왕상은 화강암에 양각하여 양쪽 문주 외연부에 감입하였는데 수호하는 자세는 각 면이 같다.

그 가운데 한 면의 조각 형식과 수법을 살펴보면, 악귀 같은 조각을 밟고 서 있는데 머리에는 원형 두광(頭光)을 구비하였으며 양쪽 팔과 가슴은 사실적으로 표현하였다. 주먹을 불끈 쥐고 한쪽은 올려서 내려치는 듯, 한쪽은 허리에 올려 상대적으로 힘을 모으고 있는 모습은 역시 금강역사의 표현이라 하겠다. 의문(衣文)은 태조(太彫)나 유려하고 흥부의 장식도 주목된다. 이와 같이 일부에서 화강암재의 혼용은 있으나 근본적으로 주재료가 이와 다르고 양식도 백제 석탑과는 같지 않아 거의 때를 같이하여 7세기 초반에 발생한 양국의 탑이 서로 다르다는 것을 알 수 있다.

탑신 폭은 4면이 모두 다르며 전반적으로 하면보다 중앙부의 치수가 커지고 다시 상면에서 축소되는 형상을 보여 주고 있다. 이것은 내부 적심층의 측압으로 중앙부가 배가 부르게 되는 영향에 의한 것으로 보인다. 옥개 받침의 경우 윗층으로 올라갈수록 경사가 급해지고 있는데 이는 층단을 내쌓을 때 조금씩 덜 내쌓았다는 결론이 된다. 낙수면의 경우 옥개 받침보다 경사가 완만하다. 특히 옥개석의 모서리 부분에 사용된 것으로 여겨지는 석재가 있는데 이는 반곡(反曲)을 노린 것이라 생각된다.

이 탑은 일본인 학자인 세키노 타다시의『한국 건축 조사 보고』(1904년)와 후지시마 가이지로의『건축 잡지』(1930년)에 조사, 발표되었고 『조선고적도보』에 기록되어 있으며 근래에 문화재관리국에 의하여 정밀 실측되었다.

제천 장락리 7층 모전석탑

충청북도 제천시 장락동에 있는 7층석탑으로 보물 제459호로 지정되어 있다. 현재의 높이는 9.1미터이다. 제천시에서 강원도 영월로 가는 도로를 따라 약 2킬로미터쯤 되는 곳에 낮은 구릉을 등지고 있는 넓은 대지에 있다. 이곳을 흔히 창락사터(蒼樂寺址)라고 부르기도 하고 탑내동이라고 부르기도 한다. 예전의 사찰 경역에는 현재 장락선원(長樂禪院)이라 부르는 신흥 사찰이 있고 전답이나 과수원으로 경작하고 있어 그 규모를 알 수 없다.

우리나라의 전탑이나 모전석탑은 특히 안동, 의성, 영양 등지에서 유행하였는데 이 탑 또한 연대는 다소 늦으나 그 같은 영향을 받아 건립되었을 것이다. 석재는 회흑색의 점판암을 사용하였는데 이 석재는 이곳에서 약 8킬로미터 거리에 있는 용두산에서 채석한 듯하다.

높은 토단을 쌓고 그 위에 막돌을 외벌대로 돌린 축대의 중앙에 탑을

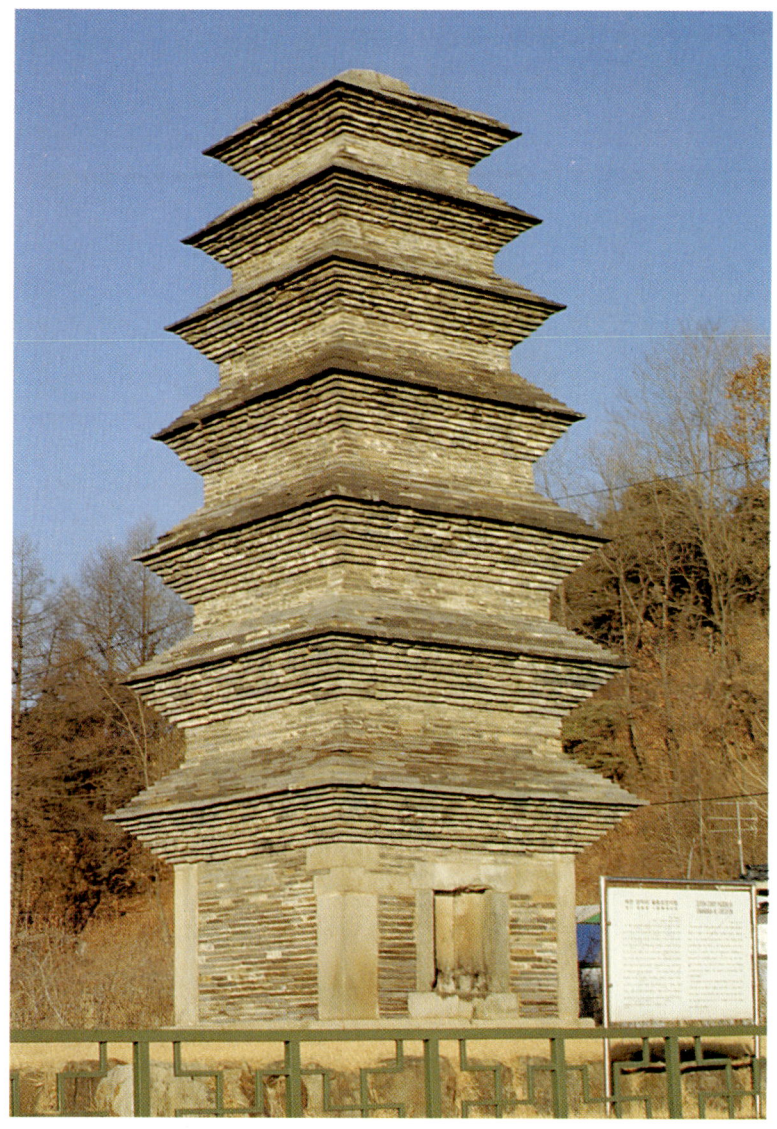

제천 장락리 7층 모전석탑 우리나라의 전탑이나 모전석탑은 특히 안동, 의성, 영양 등지에서 유행하였는데 이 탑 또한 연대는 다소 늦으나 그 같은 영향을 받아 건립되었을 것이다. 석재는 회흑색의 점판암을 사용하였는데 이 석재는 이곳에서 약 8킬로미터 거리에 있는 용두산에서 채석한 듯하다.

세웠다. 기단은 장대석으로 낮게 쌓은 단층인데 자연석으로 짰으며 그 위에 탑신을 올렸다. 1층 네 모서리에는 기둥을 의미하는 높이 1.37미터의 화강암 돌기둥을 세웠는데 그 크기와 형상이 각기 다르다. 정면의 왼쪽과 옆면의 왼쪽 기둥은 3매의 석재를 이어서 사용하였으며 이 가운데 중간돌은 감실의 문선대와 상인방에 다다르게 하였다. 그만한 석재를 구하기가 어렵지 않았을 텐데 이처럼 별석재로 한 까닭이 이해가 지 않는다. 이러한 수법은 다른 전탑이나 모전석탑에서 볼 수 없는 특별한 것이다. 또 남북 양면에는 화강암으로 문설주를 세우고 이맛돌을 얹어 감실(안크기 폭 65센티미터, 높이 85센티미터)을 만들고 돌문짝을 달았다. 과거의 보고서들을 보면 남북에 감실을 두었다고 하는데 남

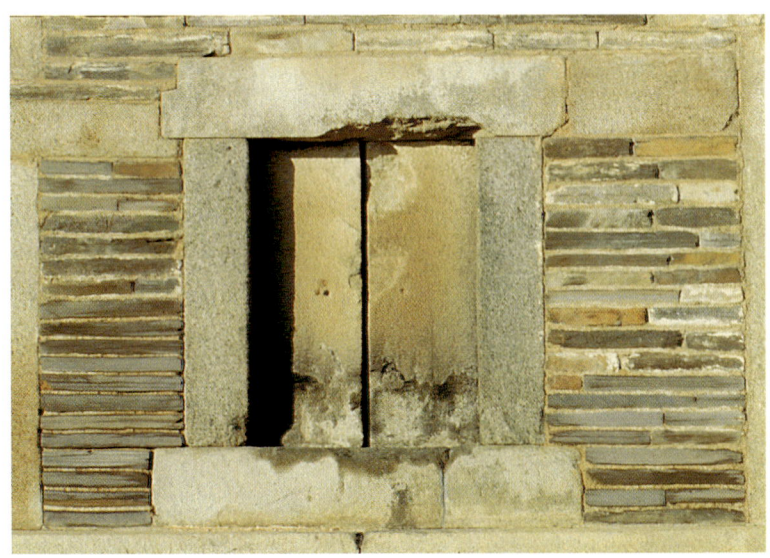

제천 장락리 7층 모전석탑 감실 남북 양면에는 화강암으로 문주 두 주를 세우고 이맛돌을 얹어 감실을 만들고 돌문짝을 달았다. 왼쪽 기둥은 다른 기둥과는 달리 3매의 석재를 이어 사용하였으며 중간 돌은 감실의 문선대와 상인방에 다다르게 하였다.

면의 것은 상실되었다.

1층 탑신의 높이는 네 모서리의 화강암 기둥과 같고 넓이는 2.8미터인데 동서 양면은 전체를 모전석재로 쌓고 남북 양변은 네모 기둥과 감실 사이에만 쌓았다. 모전석재는 크기가 동일하지 않고 길이와 너비는 28 내지 52센티미터, 두께는 4 내지 7센티미터이다. 2층 탑신의 체감은 아주 심한데 3층 이상은 거의 없다.

옥개는 상하 모두 층단을 가진 전탑 특유의 형태를 하였고 추녀도 짧다. 추녀는 수평을 이루고 있으며 얇은데 각 귀퉁이에는 상하로 풍경 구멍이 뚫려 있다. 옥개 받침은 1층부터 3층까지는 8단, 4·5층은 7단, 6·7층은 6단을 하였다. 옥개 상부면인 낙수면의 층단은 1층 9단, 2·3층 8단, 4·5층 7단, 6·7층 6단이다. 상륜부는 전부 없어졌으나 7층 옥개석 정상에 한 변이 70센티미터인 낮은 노반이 남아 있고 그 중심에 직경 17센티미터의 둥그런 구멍이 있으며 이를 중심으로 연판(蓮瓣)이 조각되었다. 이 둥그런 구멍은 찰주(擦柱) 구멍으로 해석되는데 6층 탑신에까지 미치고 있다. 탑신 전면을 회로 도장하였던 흔적이 곳곳에 남아 있어 주목되는데 이는 경상북도 상주군의 석심회피탑과 같은 수법에 속하는 탑이 아닌가 하는 추정이 가능하다.

이 석탑은 1967년 말 탑신부에서 길이 50 내지 54센티미터, 높이 31센티미터의 부등변이고 사각형인 화강암재가 발견되었고 그 중심에서는 한 변이 13.5센티미터, 깊이 4.5 내지 5.5센티미터의 네모난 사리공이 발견되었으나 내용물은 없었다. 한편 7층 옥개 상면에서 꽃 모양이 투각된 청동편이 발견되어 원래는 정상에 청동재의 상륜이 있지 않았나 추측된다. 이 탑의 건립 연대는 조탑 형식이나 벽돌 가공 수법으로 보아 신라 말기나 고려 초기로 보인다. 이 탑은 멀리 강원도 정선군에 있는 정암사 수마노탑과 재료나 축조 방법이 유사하다.

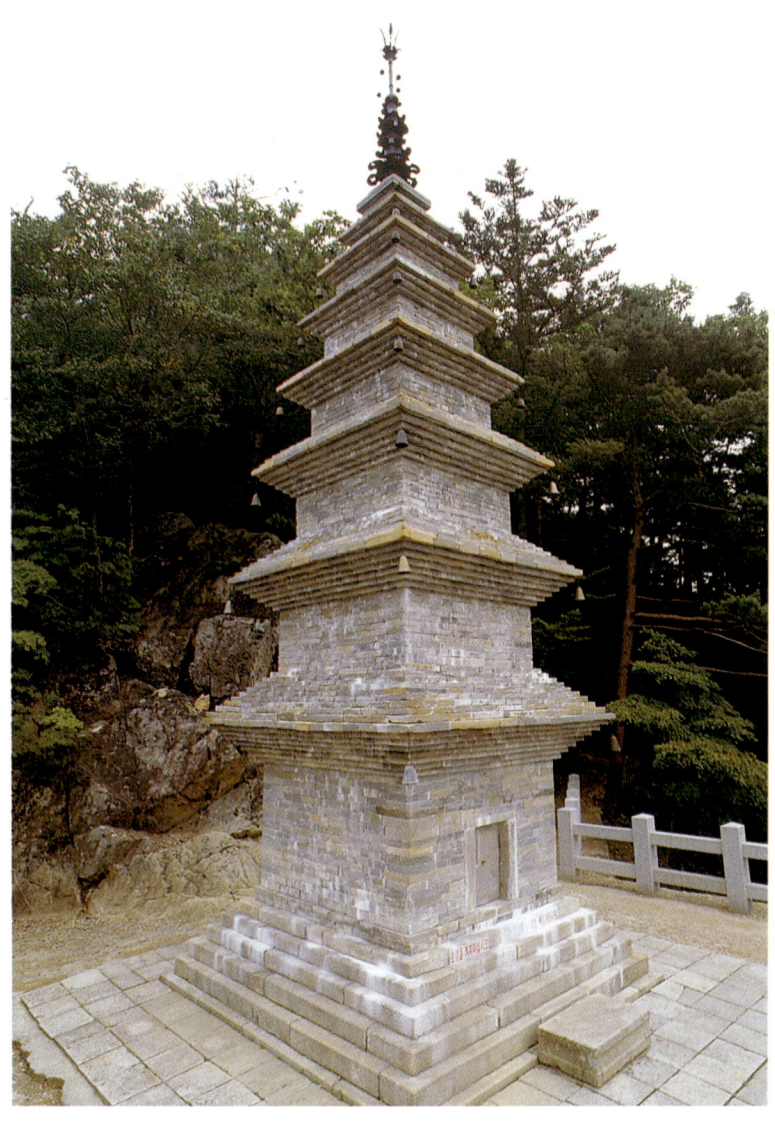

정암사 수마노탑 기단은 화강암을 위로 갈수록 체감시키면서 6단을 쌓고 그 위에 다시 모전재로 두 단을 쌓았다. 탑신을 구성한 모전재는 회녹색을 띤 수성암질의 석회석을 규격 있고 표면을 아주 평활하게 만들어 쌓았고 탑신, 옥개 모두 표면이 깔끔하게 정돈되어 일견 순수한 전탑과 같이 보인다.

정암사 수마노탑

　강원도 정선군 동면 고한리 태백산 깊고 깊은 곳에 있는 정암사는 신라 자장율사(慈藏律師)와의 인연으로 일찍부터 널리 알려진 사찰이다. 특히 정암사는 적멸보궁(寂滅寶宮)으로 유명한데 적멸보궁이란 부처님의 정골사리를 모신 곳으로 이곳에는 불상을 모시지 않으며 이러한 성지를 보궁이라 일컫는다. 정암사의 적멸보궁은 선덕여왕 14년(645)에 자장율사가 창건하였다고 전한다. 자장율사가 당나라 산서성에 있는 청량산 운제사에서 문수보살을 친히 보고 석가세존의 정골사리, 치아, 불가사, 회엽경 등을 전수하여 선덕여왕 12년에 귀국하여 14년에 금탑, 은탑, 수마노탑을 쌓고 부처님의 사리와 유물을 보관하였다.

　정암사 사역에서 다소 떨어진 적멸보궁 뒤 높은 산비탈 축대 위에 좁은 대지를 마련하고 세워진 이 탑은 자장율사가 귀국할 때, 서해 용왕이 용궁으로 데리고 가서 주었다는 마노석(瑪瑙石)으로 탑을 쌓았기 때문에 수마노탑이라 이름 붙여졌다. 금탑과 은탑은 후세의 많은 사람들이 귀한 보물에 욕심을 낼까 염려하여 영구히 보존하기 위하여 깊고 은밀히 보관하였다 한다.

정암사 수마노탑 탑신과 앙시　상륜부는 화강석의 노반 위에 청동재 보륜이 오륜으로 만들어졌으며 수연 등이 완전히 보존되어 있고 철쇄가 4층 옥개까지 늘어져 있으며 각층 전각 밑은 맨 끝에서 경미하게 반전되었고 풍령을 달았던 흔적이 있는 구멍이 남아 있을 뿐만 아니라 아직도 몇 군데에는 풍령이 남아 있다.

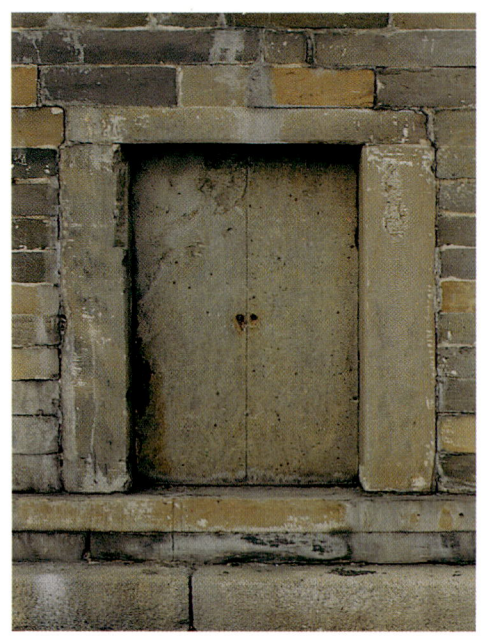

    기단은 화강암을 위로 갈수록 체감시키면서 6단을 쌓고 그 위에 다시 모전재(模塼材)로 두 단을 쌓았다. 탑신을 구성한 모전재는 회녹색을 띤 수성암질의 석회석을 규격 있고 표면을 아주 평활하게 만들어 쌓았고 탑신, 옥개 모두 표면이 깔끔하게 정돈되어 일견 순수한 전탑과 같아 보인다.

    1층 탑신의 남쪽 면에는 감실을 만들고 한 매의 판석으로 문비를 세웠으나 중앙에 세로로 음각된 선이 있어 두 짝의 문비임을 표현하였고 철재 문고리의 흔적이 있으나 문고리는 없다. 옥개석은 낙수면에 층단이 있는 전탑의 형식을 따랐으나 추녀의 폭은 전탑에 비하여 넓은 판석을 썼다. 각층 전각의 밑은 맨 끝에서 경미하게 반전되었고 풍령(風鈴)을 달았던 흔적이 있는 구멍이 남아 있을 뿐만 아니라 아직도 몇 군데에는 풍령이 남아 있다.

옥개 받침은 1층의 7단에서 시작하여 상층으로 갈수록 한 단씩 체감되어 7층 옥개는 한 단이 되었고 낙수면의 층단은 1층에서 9단부터 시작하여 역시 한 단씩 체감되어 7층에서는 3단이 되었다. 상륜부는 화강석 노반 위에 청동재의 보륜이 오륜으로 만들어졌으며 수연(水煙) 등이 완전히 보존되어 있으며 철쇄(鐵鎖)가 4층 옥개까지 늘어져 있다.

정암사 비명에 의하면 18세기 이후(영조, 정조, 고종대) 수차례에 걸쳐 중수가 이루어졌고 최근 보수 때 사리구가 발견된 적이 있는데 거의 조선조에 장치한 것이라 한다. 조성 연대는 일반적으로 조선시대라 여겨지나 고려시대로 보는 견해도 있다.

탑의 높이는 약 9미터로 탑신의 체감이 완만하여 고준한 느낌을 주며 옥개석이 다른 탑에 비하여 더 돌출하였다. 이 탑의 형식은 재료나 축조 방법에 있어 제천의 장락리탑과 유사한데 장락리탑이 네 모서리의 기둥과 감실에 석재를 사용한 반면 이 탑은 감실 부분에만 석재를 사용하였다는 점이 약간 다르다 하겠다.

제천 교리 석탑

제천시 청풍면 교리 산 15 – 9에 있는 폐탑이다. 사찰의 이름이 무엇이고 그 경계가 어디까지였는지는 알 길이 없다. 교리(校里)라 함은 향교가 있는 마을에 붙여진 이름인데 향교는 없고 충주댐의 건설로 주변 마을들이 위치를 옮겼기 때문에 마을의 범위도 알 수 없다. 마을 사람들은 이곳을 탑이 있다 하여 탑골이라 부른다. 현재는 목장으로 경영되고 있으며 골짜기 깊은 곳에 잘 지은 별장이 숨어 있다.

댐 상류의 골짜기를 따라 오르면 좌측에 이 별장이 나오고 다시 좌측으로 꺾어 산을 300미터 가량 오르면 커다란 암반 위, 전망이 좋은 곳에 탑이 위치하고 있다. 마을 사람들도 모를 정도로 은밀한 곳에 숨어

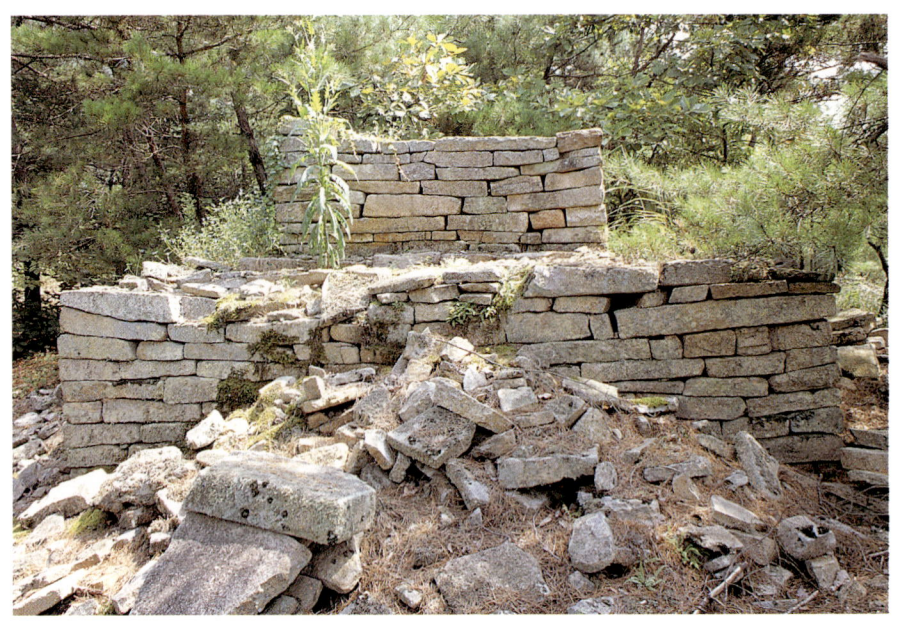

제천 교리 석탑 거대한 암반 위에 아홉 단의 납작한 돌을 쌓아 115센티미터 가량의 기단을 형성하였다. 그 위에 한 단의 1층 탑신 괴임을 형성하고 탑신을 쌓아 올렸다. 파손이 심한 기단과 탑신의 내부에도 같은 모양의 돌을 쌓아 공간이 없다

있는 폐탑이다. 더욱이 철책으로 막아 농장에 들어가려면 도둑(?)이 되어야 한다.

거대한 암반 위에 아홉 단의 납작한 돌을 쌓아 115센티미터 가량의 기단을 형성하였다. 그 위에 한 단의 1층 탑신 괴임을 형성하고 탑신을 쌓아 올렸다. 파손이 심한 기단과 탑신의 내부에도 같은 모양의 돌을 쌓아 공간이 없다. 벽돌 모양의 돌들은 같은 크기가 아닌데 모서리 돌은 중앙부의 돌보다 다소 크다. 모서리 돌은 가로 67센티미터, 세로 60센티미터 정도이고 두께는 약 10센티미터 정도이다.

기단의 폭은 410센티미터, 탑신 괴임의 폭은 240센티미터, 탑신의

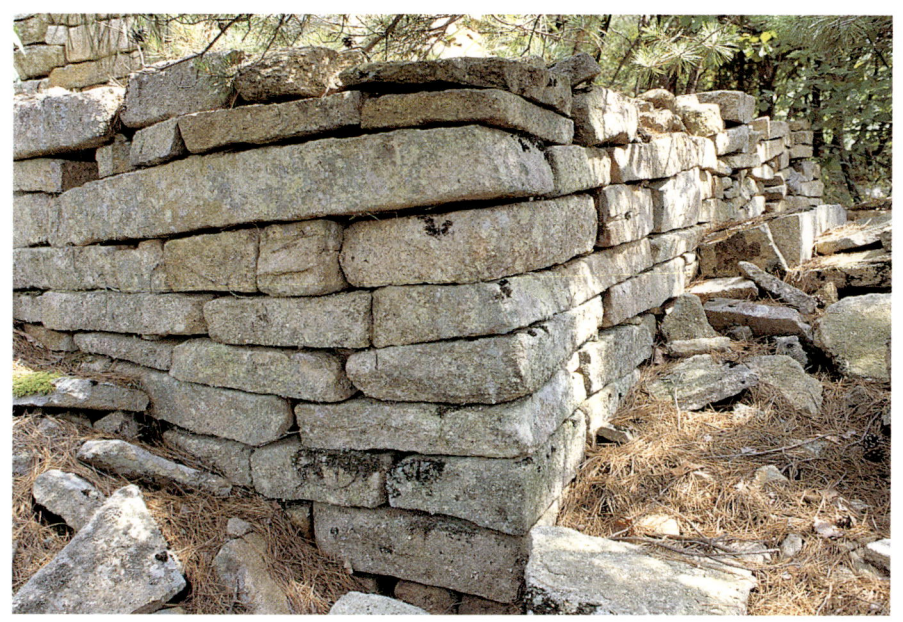

제천 교리 석탑 기단 층을 이룬 황토색의 판석형 돌을 채석하여 거의 다듬지 않고 채곡채곡 쌓아 전탑의 모습을 그대로 유지하고 있다. 이 탑은 오히려 영양의 삼지리탑이나 안동의 대사동탑과 유사하다.

폭은 210센티미터이다. 현재는 파손이 심하여 상부 구조를 알 길이 없고 기단부와 1층 탑신의 높이 1미터 정도만이 남아 있다.

장락리 7층석탑은 잘 다듬어진 회흑색의 돌들을 사용하였으나 이 탑은 층을 이룬 황토색의 판석형 돌을 채석하여 거의 다듬지 않고 채곡채곡 쌓아 전탑의 모습을 그대로 유지하고 있다. 이 탑은 오히려 영양의 삼지리 석탑이나 안동의 대사동 석탑과 유사하다 하겠다.

영양 현 2동 5층 모전석탑

경상북도 영양군 현리에 있는 고려시대의 모전석탑이다. 현재 높이

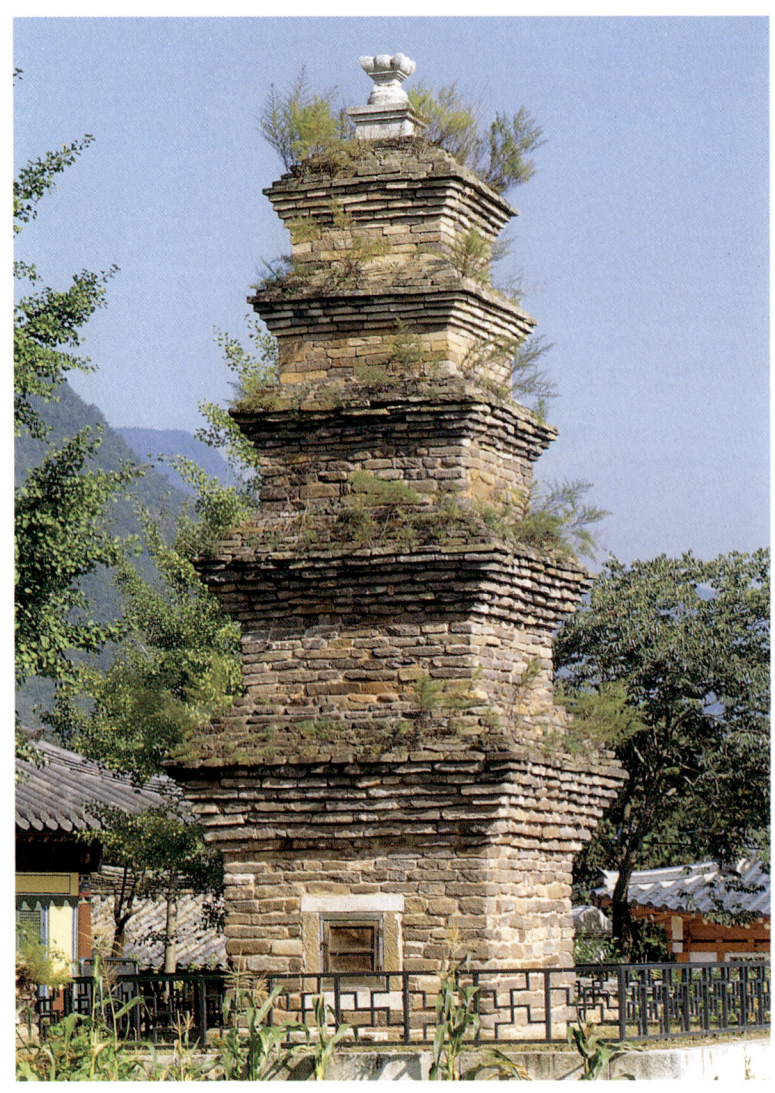

영양 현 2동 5층 모전석탑 경상북도 영양군 현리에 있는 고려시대의 모전석탑이다. 한 단으로 된 사각형의 높은 석축 기단 위에 벽돌 모양으로 다듬은 흑회색 점판암을 쌓아서 건립한 5층석탑이다.

는 6.98미터이고 경상북도 유형문화재 제12호로 지정되어 있다. 현재는 영성사(永成寺)라는 신흥사찰이 바로 옆에 있다. 사찰의 이름이 무엇이었는지 알 길이 없으나 옛 기와 조각이나 전돌을 쉽게 발견할 수 있어 옛날에는 사찰 터였을 것이라 짐작된다. 이곳에서 약 500미터 가량 떨어진 곳에 현 1동 삼층석탑과 당간지주 등의 유적이 있다.

이 탑은 한 단으로 된 사각형의 높은 석축 기단 위에 벽돌 모양으로 다듬은 흑회색 점판암을 쌓아서 건립한 5층전탑이다. 기단 위에는 나직한 한 단의 받침을 장대석으로 지대석을 조성하고 그 위에 1층 탑신을 쌓아 올렸다. 이 지대석의 폭은 272센티미터이며 탑신에서 약 13센티미터 가량 돌출하였다.

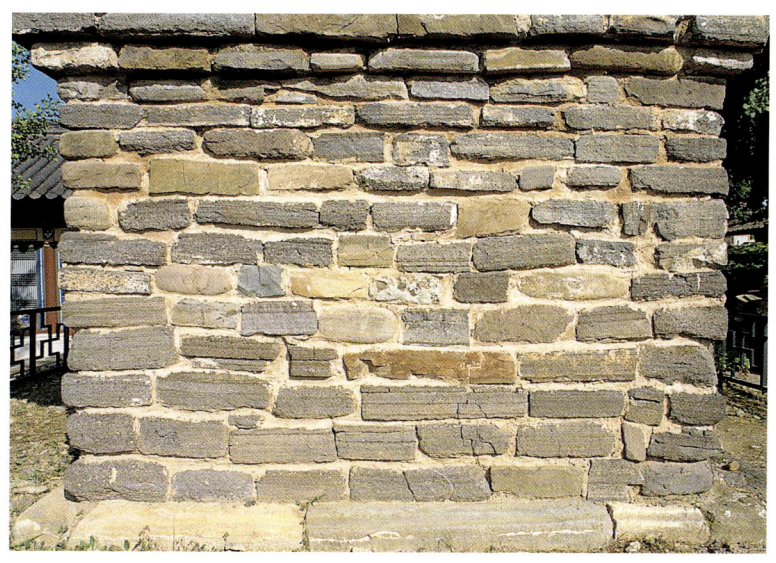

영양 현 2동 5층 모전석탑의 벽돌 쌓기 벽돌 모양의 석재는 대부분 흑회색을 띤 점판암인데 부분적으로 납작한 강자갈을 쓰기도 하였다. 또한 벽돌 모양의 돌들을 쌓을 때 1층부터 3층까지는 줄눈을 두었으나 4층부터는 줄눈이 나타나지 않는다.

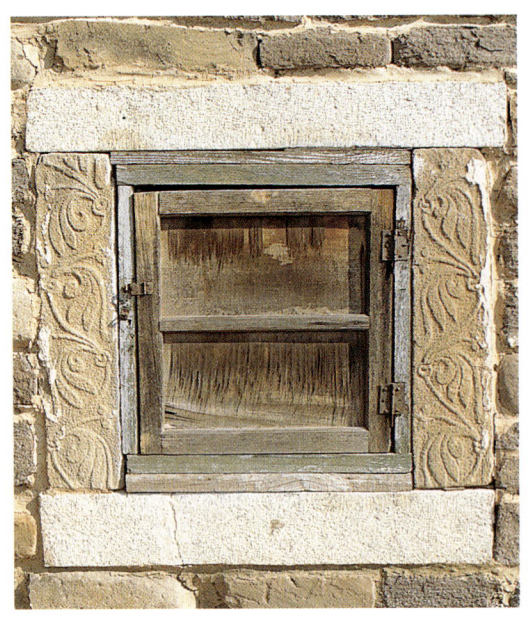

영양 현 2동 5층 모전 석탑 감실 감실의 문 주석에 금강역사를 조 각하여 장엄을 나타내 는 경우는 가끔 있으나 온화한 당초문으로 가 식한 경우는 드문 예로 이색적이다. 감실의 크 기는 높이 68센티미터, 폭 58센티미터, 깊이는 54센티미터이다.

　1층 탑신 동쪽면에는 사각형의 감실을 마련하였는데 입구에 화강석 으로 된 문주석을 삽입시켜 감실을 견고히 하였다. 이 문주석에는 도식 화된 문양이기는 하나 유창한 솜씨로 당초문을 양각하여 장식하였다. 감실의 문주석에 금강역사를 조각하여 장엄을 나타내는 경우는 가끔 있으나 온화한 당초문으로 가식한 경우는 드문 예로 이색적이다. 감실 의 크기는 높이 68센티미터, 폭 58센티미터, 깊이는 54센티미터이다.

　벽돌 모양의 석재는 대부분 흑회색을 띤 점판암인데 부분적으로 납 작한 강자갈을 쓰기도 하였다. 또한 벽돌 모양의 돌들을 쌓을 때 1층부 터 3층까지는 줄눈을 두었으나 4층부터는 줄눈이 나타나지 않는다. 1 층 탑신의 높이는 154센티미터, 폭은 하부가 242센티미터, 상부가 240 센티미터로 혹시 민흘림을 두지 않았나 하는 추정이 가능하다.

옥개는 일반적인 전탑에서 그렇듯이 내쌓기와 들여쌓기를 하면서 층급 받침과 낙수면을 이루었다. 층급 받침은 1층부터 7, 6, 4, 4, 4단이며 옥개석의 상부인 낙수면은 1층부터 7, 6, 4, 4, 7단이다. 이러한 층급은 돌출 길이가 5 내지 6센티미터 가량이고 1층의 옥개 폭은 328센티미터이다. 5층 옥개의 정상에는 노반과 상륜부 일부가 올라가 있다.

영양 봉감동 5층 모전석탑

경상북도 영양군 입암면 산해리에 위치한 고려시대 전기의 5층 모전석탑이다. 그 규모나 솜씨에서 당당한 위풍을 보여 주는 대작이다. 이 정도의 규모로 탑을 조영한 사찰이라면 꽤 이름이 있는 가람이었을 텐데 그 이름은 알 길이 없다. 이 탑은 낮은 구릉을 돌아가는 강을 가까이 두고 조성되어 있다. 현재의 높이는 11미터 가량이고 국보 제187호로 지정되어 있다. 이 석탑은 전탑의 형식을 따라 지면에 흙과 돌을 혼용하여 단층의 기단을 축조하고 그 가운데에 두껍고 굵은 장대석으로 탑신 괴임을 만든 다음 탑신부에 사용한 것보다 약간 큰 모전석재를 사용하여 두 단의 탑신 받침을 한 단씩 들여쌓았다.

탑신부는 탑신과 옥개 모두 벽돌 모양으로 가공한 주황색의 석재(수성암)를 사용하였는데 비교적 두껍고 잘 다듬어져 있으나 크기는 고르지 않다. 주변의 산들이 층상을 이루는 붉은색을 띤 암석으로 이루어진 것으로 보아 탑에 사용된 주황색의 돌은 아마 가까이 있는 산에서 채석한 것 같다. 1층 탑신은 18단을 쌓아 높이 230센티미터(순수 탑신 202센티미터), 너비 326센티미터이고 2층 이상은 차례로 체감되었다. 각 층마다 아랫부분에는 두꺼운 돌을 사용하였고 윗부분은 얇은 돌을 사용하였다. 1층 탑신 남면에는 감실을 개설하였는데 좌우의 기둥과 위의 이맛돌을 화강석으로 깎아 끼웠으며 하인방석은 없다. 감실의 크기는 폭 85센티미터, 높이 100센티미터, 깊이 149센티미터 정도이고 돌

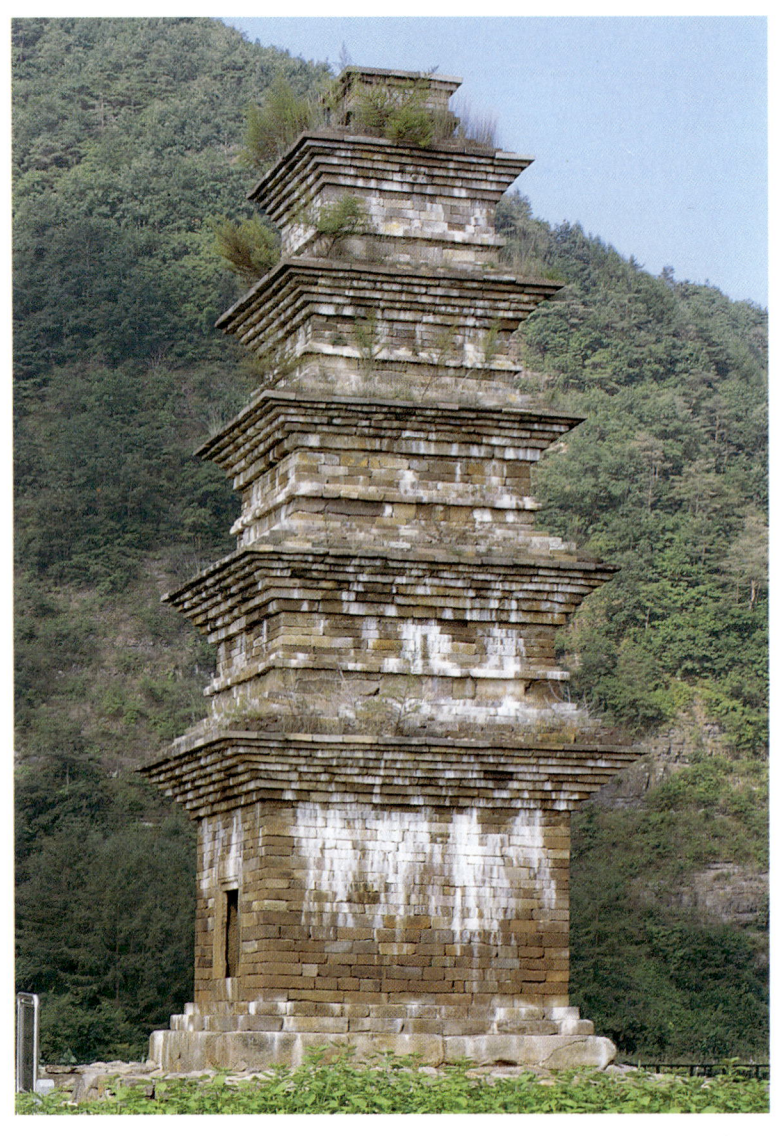

영양 봉감동 5층 모전석탑 경상북도 영양군 입암면 산해리에 위치한 고려시대 전기의 5층 모전석탑으로 그 규모나 솜씨에 있어 당당한 위풍을 보여 주는 대작이다.

문비가 걸친 흔적인 지도리 구멍이 양쪽에 패어 있다.

　2층 이상의 탑신부는 각 층마다 중간 위치에 모전석재를 약간 넓게 턱을 만들어 수평의 띠를 만들었고 그 밑에는 가공한 크고 작은 돌을 쌓고 위는 모전석재로 쌓았다. 따라서 탑신의 상하가 분리된 모습이 되어 다른 전탑이나 모전탑에서 볼 수 없는 특이한 양식을 하고 있다. 이는 고려시대 석탑에서 탑신 밑에 별석을 삽입하여 탑신 괴임으로 삼고 있는 양식과 일맥상통하지 않나 하는 생각이 든다. 탑신부 중간의 수평 띠인 턱으로 인하여 상하의 높이는 같으나 너비는 상단이 약간 좁아지는 점으로 보아도 별석을 괸 의미가 나타나는 듯하다.

　옥개는 전탑의 형식을 따라 추녀의 너비가 좁아지고 상하 모두 층단을 이룬다. 옥개의 받침수는 1층부터 7, 6, 5, 5, 5단을 이루고 낙수면

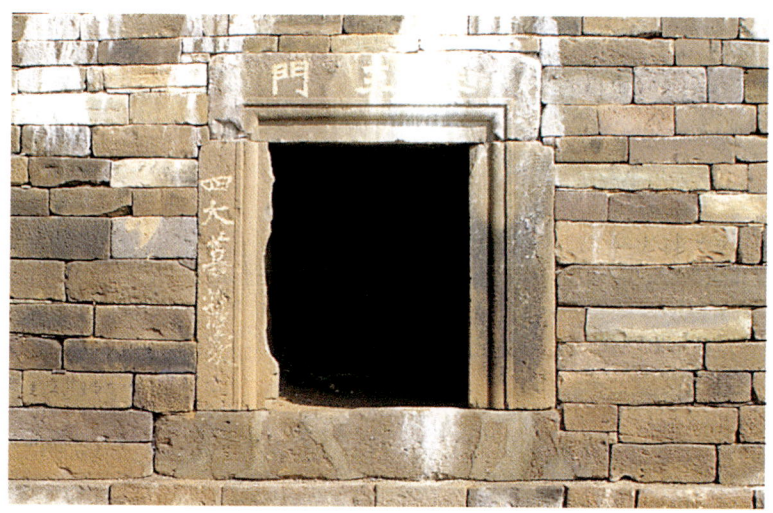

영양 봉감동 5층 모전석탑의 기단과 1층 감실　1층 탑신 남쪽면에는 감실을 개설하고 좌우의 기둥과 위의 이맷돌을 화강석으로 깎아 끼웠다. 하인방석은 없으며 돌문짝이 걸친 흔적인 지도리 구멍이 양쪽에 패어 있다.

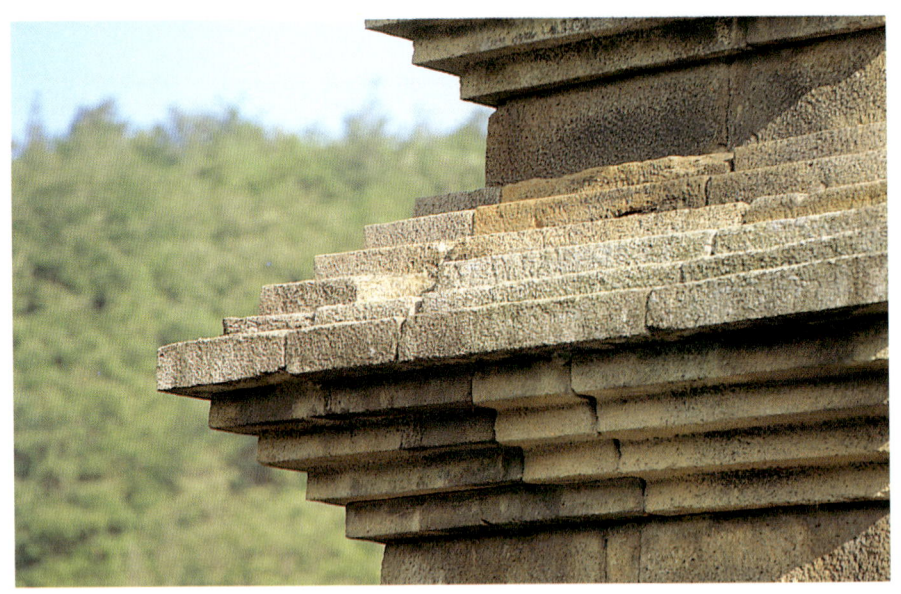

영양 봉감동 5층 모전석탑 옥개 옥개부는 전탑의 형식을 따라 추녀의 너비가 좁아지고 상하에 모두 층단을 이룬다. 옥개의 받침수는 1층부터 7, 6, 5, 5, 5단을 이루고 상부의 낙수면 층단의 수는 각 층이 모두 5단이다.

의 층단 수는 각층이 모두 5단이다. 특히 옥개석의 모서리 부분에서 반전이 약간 나타나며 풍경 구멍이 한 개씩 뚫려 있다. 옥개석의 내쌓기는 보통 7, 8센티미터 가량이다. 현재 탑의 상태는 5층 옥개석 상부까지 복원, 수리되어 있다. 특히 새로이 복원된 것으로 여겨지는 노반의 형식도 탑신처럼 그 몸체에 수평 띠가 있고 부연처럼 끝단의 아래에 한 단을 들여쌓아 탑신부의 의장을 그대로 유지하고 있다.

영양 삼지리 3층 모전석탑

경상북도 영양군 영양읍에서 그다지 멀지 않은 곳인 삼지리 산 17번지에는 현재 예안암(禮安庵)이라는 조그마한 암자가 있다. 먼 옛날에는 무어라고 불렀을지 모르는 이 암자는 산중턱의 급한 경사지에 위치

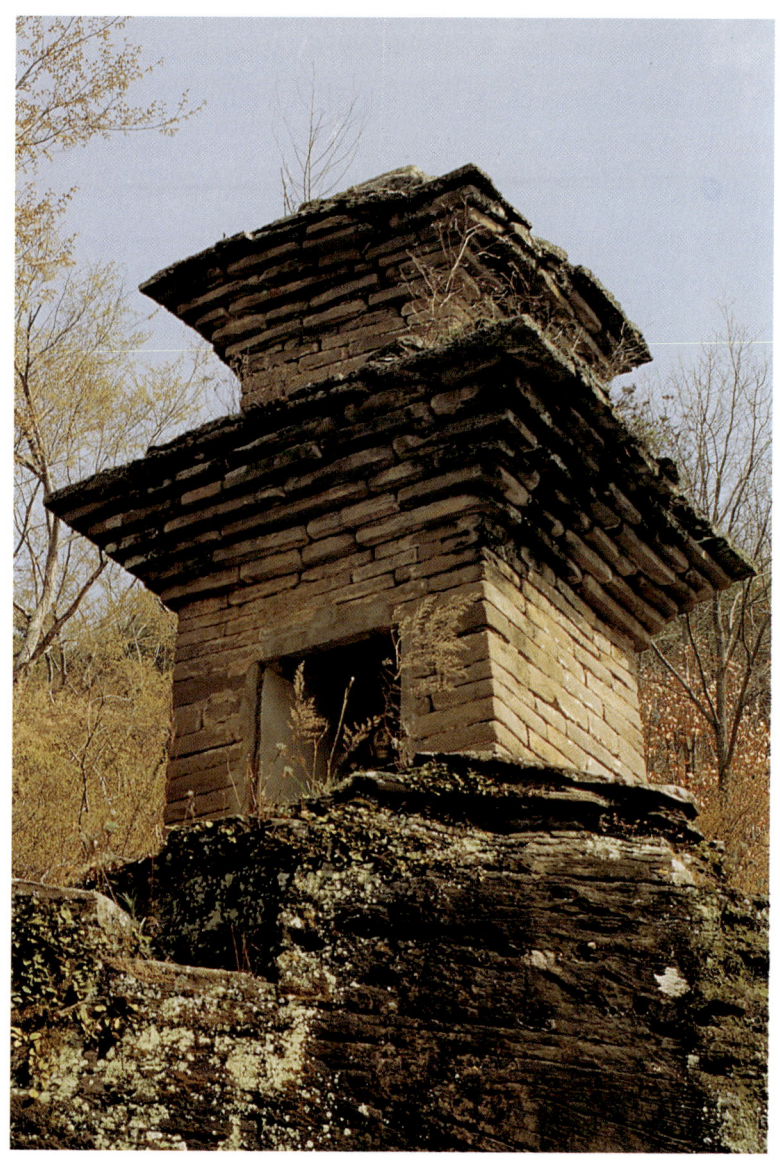

영양 삼지리 3층 모전석탑 산중턱의 급한 경사지에 위치한 암자에는 터가 좁아 전각 하나 들어앉을 여유가 없다. 이 작은 암자에는 큰 바위를 탑의 기단으로 하여 그 위에 세운 모전석탑이 있다. 당초 3층석탑이었던 것으로 추정되는데 현재 2층만이 남아 있다.

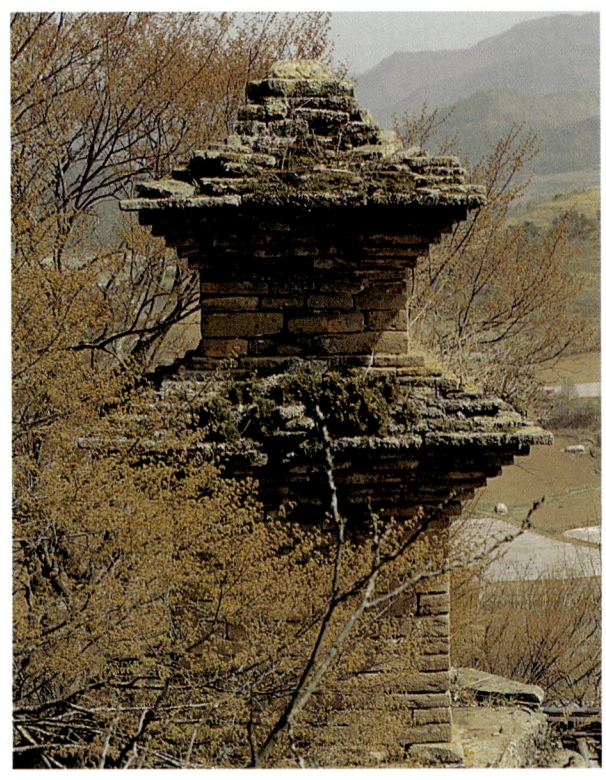

영양 삼지리 3층 모전석탑 현재는 일부만이 남아 있으나 무척 정성 들여 만든 것으로 여겨지는 단아한 탑이다. 그다지 멀지 않은 안동의 대사동탑이나 제천의 교리탑과 유사하게 축조된 탑으로 서로의 연계를 추정하여 볼 만하다.

하기 때문에 사찰의 터가 좁아 이렇다 할 전각 하나 들어앉을 여유가 없다. 이곳의 조그마한 목조 전각 뒤 뾰족 튀어나온 커다란 돌덩어리 위에는 돌을 벽돌 모양으로 다듬어 세운 석탑이 있다. 이처럼 조그맣고 정성 들여 잘 쌓은 탑이 이 암자에 있는 까닭은 무엇일까?

이 탑은 큰 바위를 탑의 기단으로 하여 그 위에 모전석탑을 세운 것으로 당초 3층석탑이었던 것으로 추정되는데 현재 2층만이 남아 있다. 바위 위에 높이 10센티미터 가량의 한 단을 만들고 약 6센티미터 가량

들어간 위에 1층 탑신을 얹었다.

　현재 전체의 높이는 314센티미터이고 1층 탑신의 폭은 아랫부분이 141센티미터이며 1층 탑신의 높이는 118센티미터, 윗부분이 137센티미터로 탑신 부분의 오금을 느낄 수 있다. 1층 탑신의 중앙에는 감실(폭 63센티미터, 높이 81센티미터, 안깊이 88센티미터)이 있다. 이 감실의 하단부에는 전면으로 7센티미터 가량 튀어나온 석재가 마련되어 있다.

　1층 옥개의 폭은 225센티미터로 6단의 석재를 내쌓기 하였으며 각각의 내쌓기 한 돌출 길이는 5, 6센티미터 가량 된다. 옥개석은 보통의 돌보다 약간 커서 가로 63센티미터, 세로 40센티미터, 높이 5센티미터 정도이며 풍경을 달았던 구멍이 뚫려 있다. 1층 옥개의 상부 낙수면은 7단의 돌을 들여쌓기 하였고 그 위에 2층 탑신을 세웠다. 2층 옥개 받침은 5단이고 상부 낙수면은 6단이다.

　2층 정상부는 상륜부 형식을 갖추어 구조가 많이 변한 것으로 보인다. 이 상륜부는 두 단의 돌을 쌓고 노반을 두고 복발을 올렸는데 이 노반과 복발은 하나의 돌로 보인다. 특히 암반 위에는 훼손되어 있는 석재(길이 45센티미터, 직경 25센티미터)가 있는데 이는 상륜의 한 부재라고 여겨진다.

　현재는 일부만이 남아 있으나 무척 정성 들여 만든 것으로 여겨지는 단아한 탑이다. 그다지 멀지 않은 안동의 대사동 석탑이나 제천의 교리 석탑과 비슷하게 축조된 탑으로 서로의 연계를 추정하여 볼 만하다.

안동 대사동 석탑

　이 탑은 대사동의 이름없는 사찰터에 있는 모전석탑으로 문화재 안내판에는 건립 연대를 통일신라시대라 표기하고 있으나 정확한 연대는 확인할 길이 없다. 대사동(大寺洞)은 큰 절이 있다는 것을 암시하는 마

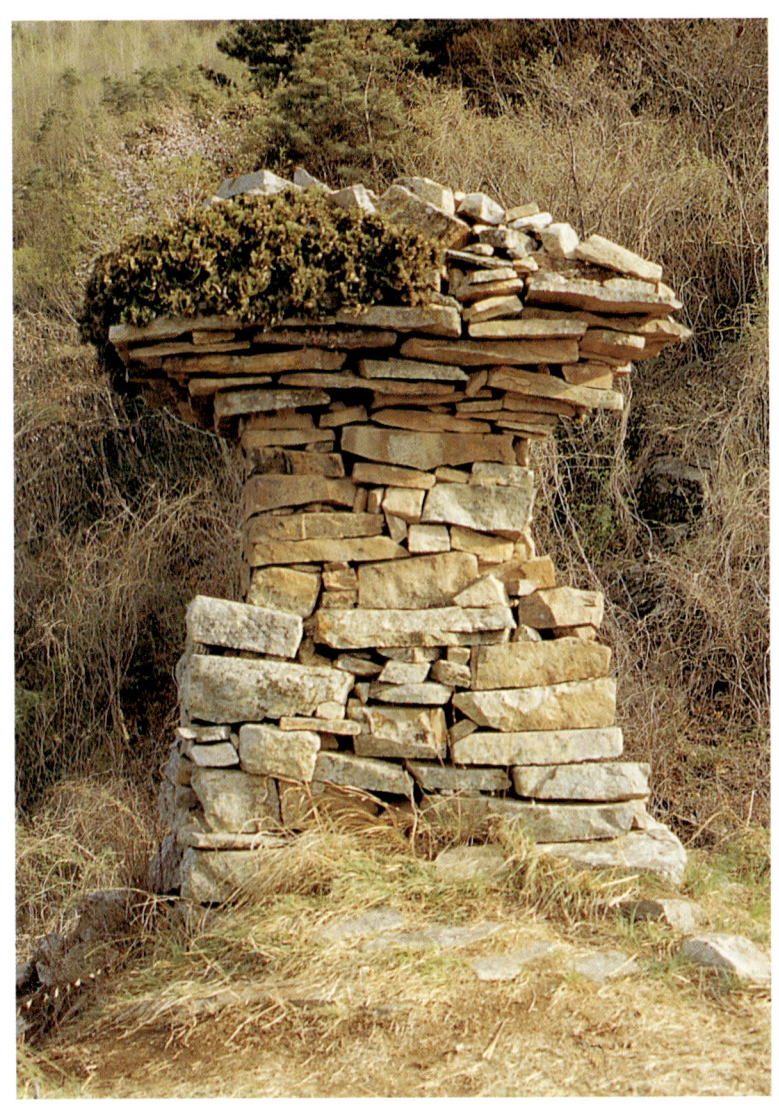

안동 대사동 석탑 이름없는 사찰터에 있는 모전석탑으로 문화재 안내판에는 건립 연대를 통일신라시대라 표기하고 있으나 정확한 연대는 확인할 길이 없다.

을 이름으로 읍내에서 먼 거리에 있어 지금에야 도로 포장을 할 정도로 깊은 오지이다. 특히 이 탑은 강을 휘감고 돌아가는 산의 등선에 위치하고 있어 찾기가 대단히 힘들다.

톡 튀어나온 암반 위에 여러 단의 돌을 쌓아 높이 90센티미터, 폭 120센티미터의 두툼한 기단 형식을 축조하고 그 위에 탑신과 옥개를 얹은 1층탑이다. 예전에는 삼층 정도의 규모였을 텐데 현재는 그 모습을 알 길이 없다. 1층 탑신의 폭은 약 86센티미터이고 높이는 60센티미터인데 4면이 모두 균일하지 않다. 옥개 받침은 4단이고 돌출된 각 단의 길이는 약 6센티미터 정도이다. 옥개의 폭은 154센티미터인데 낙수면은 균일하게 돌을 쌓지 않고 판석을 얹어 놓은 상태이기 때문에 단의 수를 헤아리기가 어렵다.

이 탑은 돌을 벽돌 형식으로 정교하게 다듬은 것이 아니라 판석의 형상을 띤 돌을 사용하였는데 기단부는 회색의 화강암을, 탑신과 옥개부는 황색을 띤 화강암을 사용하였다. 또한 이 탑은 남북 축에서 약 10도가량 비껴 자리하고 있어 일반적인 탑이 정남향하고 있는 것과 비교된다. 바위 아래 바닥에서의 전체 높이는 4.6미터이다.

이곳에서 그다지 멀지 않은 영양의 삼지동탑, 제천의 교리탑과 그 모습이 비슷하게 축조된 탑으로 서로의 연계를 추정하여 볼 만하다. 봉감동 모전 5층석탑이나 현 2동 5층석탑은 비슷한 석재를 사용하여 잘 다듬어진 모습으로 축조하였는데 이들은 판형의 석재를 다듬지 않고 그대로 사용하여 정제하거나 기교를 부리지 않은 투박하고 질박한 맛을 준다.

군위 남산동 모전석탑

경상북도 군위군 부계면 남산동에 있는 단층의 모전석탑이다. 이렇게 행정 구역을 말하면 찾기 힘들지만 군위 삼존석굴(三尊石窟)의 바

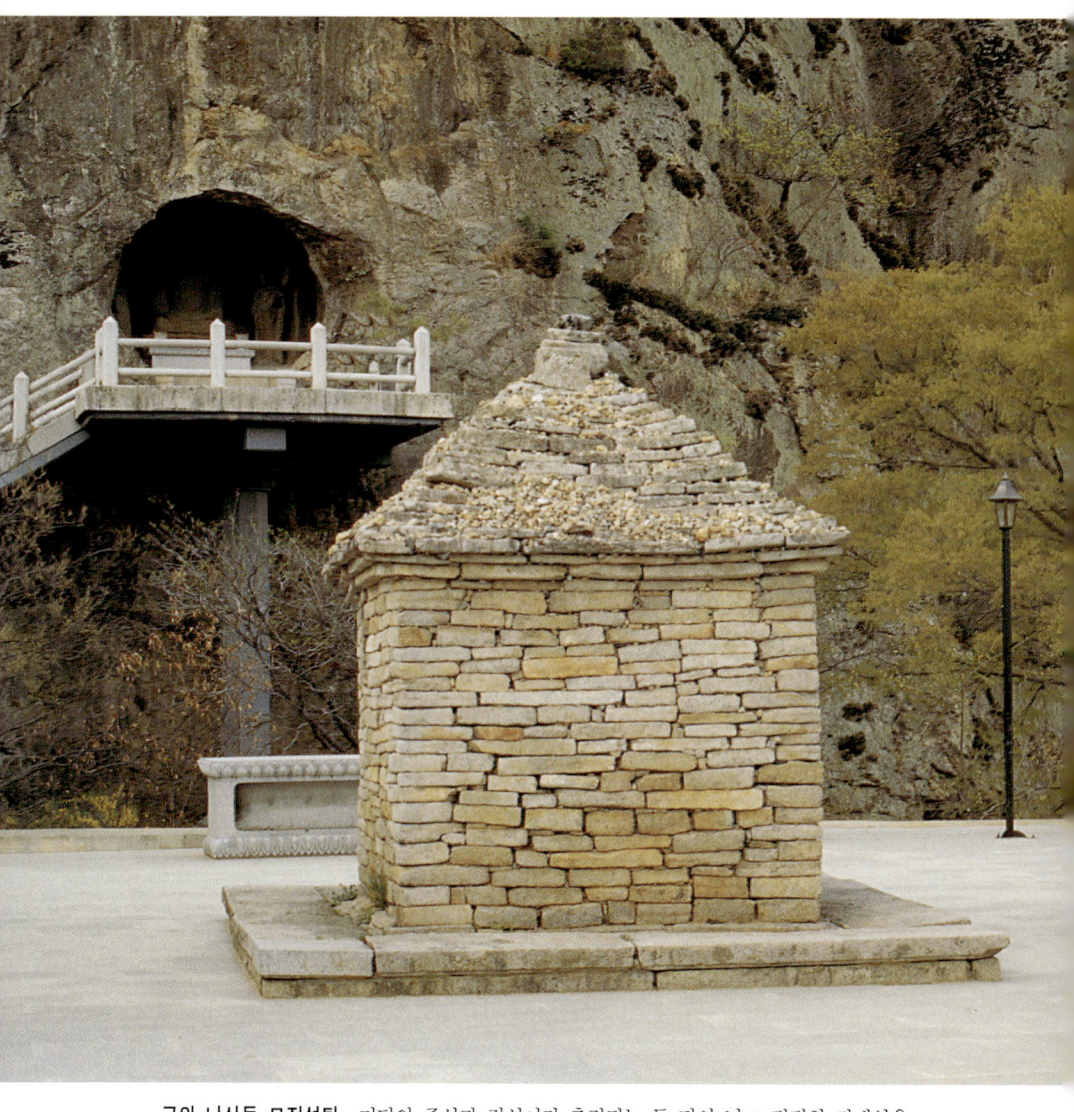

군위 남산동 모전석탑 기단의 중석과 갑석이라 추정되는 두 단의 낮고 평평한 장대석을 쌓아 탑구를 조성하고 그 중앙에 탑구와 수평이 되게 한 단의 장대석을 놓아 1층 탑신을 괴었다. 뒤로 국보 제109호인 군위 삼존석굴이 보인다.

로 앞뜰에 있다면 쉽게 아는 사람이 많을 것이다. 이곳은 팔공산 뒤쪽에 있기 때문에 칠곡의 송림사, 파계사 쪽으로 팔공산을 오를 수 있고 안동 쪽으로 가다 군위군의 부계면에서 팔공산의 뒤를 올라가면 이곳에 이를 수도 있다.

국보 제109호로 지정된 이 석굴은 통일신라시대 초기의 화강암 석굴로 거대한 암벽에 조영되었으며 그 안에 삼존(三尊)을 모셨는데 이곳에서는 제2 석굴암이라고 부른다.

이 모전석탑은 기단의 중석과 갑석이라 추정되는 두 단의 낮고 평평한 장대석을 쌓아 탑구를 조성하고 그 중앙에 탑구와 수평이 되게 한단의 장대석을 놓아 1층 탑신을 괴었다. 현재 보이는 기단의 중석은 양우주와 3탱주를 조성한 단층 기단이라 추정된다. 탑신을 이루는 석재는 황색을 띤 화강암으로 표면을 매끄럽게 잘 다듬지는 않았으나 석재

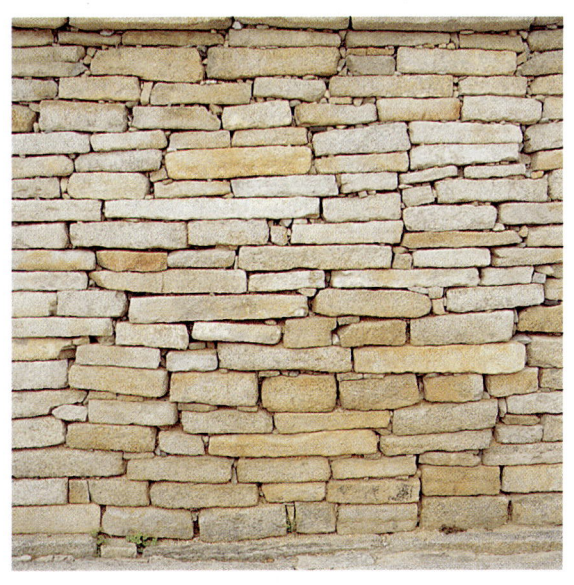

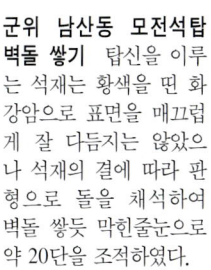

군위 남산동 모전석탑 벽돌 쌓기 탑신을 이루는 석재는 황색을 띤 화강암으로 표면을 매끄럽게 잘 다듬지는 않았으나 석재의 결에 따라 판형으로 돌을 채석하여 벽돌 쌓듯 막힌줄눈으로 약 20단을 조적하였다.

의 결에 따라 판형으로 돌을 채석하여 벽돌 쌓듯이 막힌줄눈으로 약 20단을 조적하였다.

옥개석은 여느 전탑의 옥개석을 쌓는 방법과 같이 3단의 돌을 내쌓기하여 층급 받침을 이루고 옥개석 상부인 낙수면은 15단 정도를 들여 쌓기하여 모임지붕의 지붕면을 이루었다. 따라서 옥개의 상부는 방추형을 이루고 있고 상륜부는 노반형의 단일석 석재를 놓고 복발을 흉내낸 듯한 돌을 올렸으며 그 이상의 상륜은 남아 있지 않다. 처마산은 수평을 이루다 추녀 끝 부분에 와서는 약한 반전을 이루었고 모퉁이 돌에는 풍경 구멍이 뚫려 있다. 기단부의 폭은 약 410센티미터이고 탑신 폭은 약 240센티미터, 1층 탑신의 높이는 약 200센티미터이다.

이 탑이 과거에는 몇 층이었는지 알 수 없으나 544년 작품으로 중국에서 현존하는 석탑 가운데 가장 오래된 산동성 역성현 신통사(神通寺) 사문탑(四門塔)의 형태와 유사하다. 중국에서는 이러한 탑들이 대개 탑림(塔林)이라 하여 다수가 한 무리로 모여 있는데 한국적인 의미로 보면 고승들의 부도에 해당된다.

전체적인 모습은 조그맣고 아담한 석탑으로 소박, 간결하다. 특히 넓은 뜰 가운데 있어 중심성이 강조되고 옆면의 커다란 절벽에 패어 있는 석굴의 삼존불이 이 탑의 분위기와 의미를 더욱 크게 해준다.

석탑계 모전석탑

현재 알려진 석탑계 모전석탑에는 의성 탑리 5층석탑, 의성 빙산사지 5층석탑, 선산 죽장동 5층석탑, 선산 낙산동 3층석탑, 경주 남산리동3층석탑, 경주 서악리 3층석탑, 경주 남산 용장계 3층석탑, 경주 오야리 3층석탑, 안동 하리동 3층석탑, 청원 영하리 석탑(파손), 강진 월

남사지 5층석탑, 화순 운주사 석탑(2기) 등이 있다. 이 탑들에서 살펴 본 석탑계 모전석탑의 특징을 꼽으면 다음과 같다.

옥개석의 낙수면이 층단을 이룬 점에서는 전탑의 형식을 보이나 탑 신은 한국 석탑의 전형적인 수법을 쓰고 있어 구분된다. 옥개석의 층급 수가 전탑에 비하여 적다.

전탑 또는 모전석탑과는 달리 확실한 건축적 기단을 형성하였다. 그 모습은 전형적인 석탑과 같은 단층 기단이 주를 이루었다. 의성 탑리 5 층석탑과 의성 빙계동 5층석탑, 제천 장락리 7층 모전석탑이 그 예다. 자연 암석을 기단으로 이용한 형식이 있는데 경주 오야리 석탑 등이 그 예이다.

8개의 돌덩어리로 4면 정육면체의 기단을 구성한 경우도 있다. 경주 남산리 석탑, 서악리 석탑이 그 예다. 5층 혹은 3층으로 감실을 1층에 만들거나 음각하여 그 흔적만을 표현하였다. 석탑계 모전석탑은 대개 경북 지방에 집중되나 전남 지방에도 나타난다.

의성 탑리 5층석탑

신라에서 처음으로 건조된 탑은 분황사 모전석탑이다. 이 탑과 관련 된 탑으로 경상북도 의성군 금성면 탑동에 건립되어 있는 5층석탑을 들 수 있다. 이 의성 탑리 5층석탑은 전체적으로 보아 석재로 전탑 양 식을 모방한 것임을 알 수 있다. 이 석탑은 높직한 단 위에 있는데 각 부의 탑재가 거의 완전하며 부분적으로 전탑의 수법을 모방하는 한편 일부에서는 목조 건물의 양식을 보이고 있어 한국 석탑 양식의 발달을 고찰하는데 귀중한 유례라 하겠다.

다시 말하여 기단이 단층이고 탑신부에서 각층 탑신에 우주와 탱주 를 모각(模刻)한 것은 목조 건축물을 모방한 것이라 하겠으며 옥개석 에서 낙수면부가 층단형으로 이루어진 형태는 곧 전탑의 양식과도 같

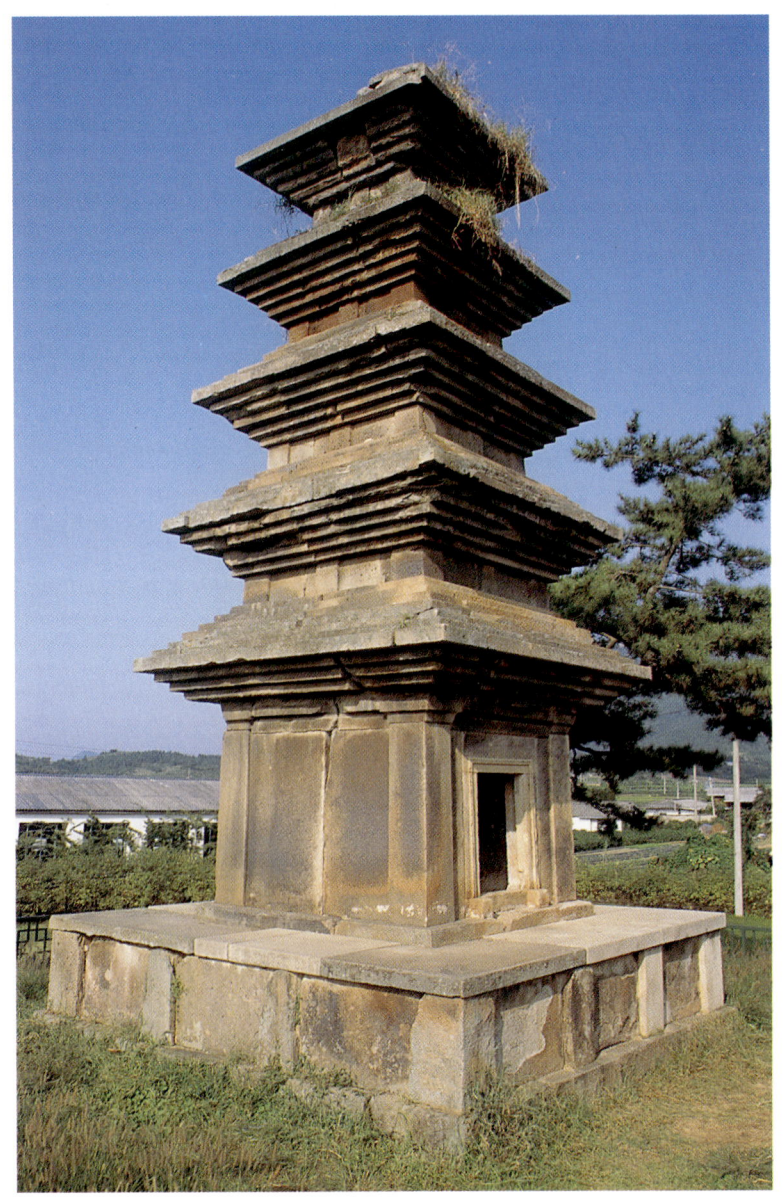

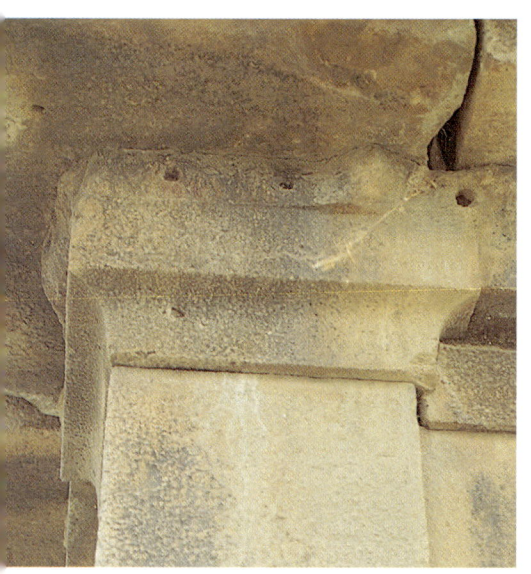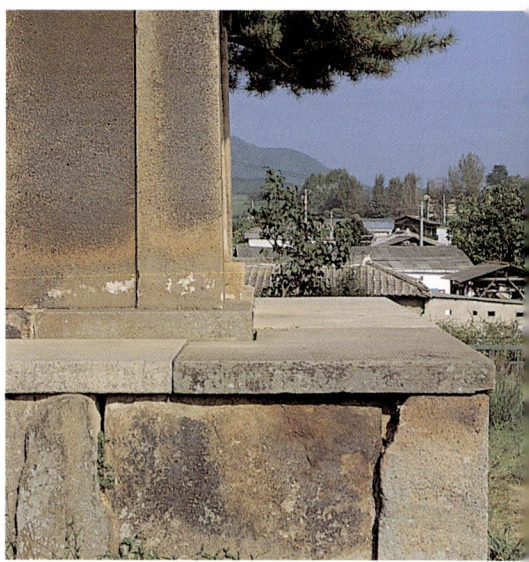

의성 탑리 5층석탑 전체적으로 보아 석재로 전탑 양식을 모방한 것임을 알 수 있다(옆면). 이 석탑은 높직한 단 위에 있는데 각부의 탑재가 거의 완전하며 부분적으로 전탑의 수법을 모방하는 한편 일부에서는 목조 건물의 양식을 보이고 있어(위) 한국 석탑 양식의 발달을 고찰하는 데 귀중한 유례라 하겠다.

은 바라 하겠다. 그러므로 이러한 형태의 탑을 '모전석탑의 유형'이라고 칭할 수 있을 것이다.

　기단부는 여러 개의 장대석으로 구축된 지대석 위에 이루어졌는데 여러 장의 판석으로 면을 구성하였고 각 면에 양 우주와 두 탱주석이 모두 별석이어서 건축 기단으로서의 형식을 잘 보이고 있다. 8매의 판석으로 결구된 갑석은 부연이 없고 윗면에 별석으로 한 단의 괴임돌을 놓아 탑신을 받고 있다.

　탑신부는 탑신이나 옥개석이 각층 다른 형식으로 구성되었는데 1층 탑신은 양 우주가 별석으로 세워졌다. 남쪽에만 감실이 개설되었는데

현재는 내부에 아무 것도 없
으며 문비도 없고 문주 위에
이중 윤곽선이 양각되어 있
다. 4우주는 고식(古式)을
따라 민흘림 형식을 이루었
고 주두에 내반(內反)된 곡
면이 표현되었음은 다른 어
느 석탑에서도 볼 수 없는
수법이다. 그 위에 창방과
평방이 이중으로 가구되어
목조 건축과 같은 형태를 이
루고 있음은 주목되는 특징
이다. 또한 2층 이상의 탑신
에는 각층 각 면에 양 우주
외에 중앙에 하나의 탱주가
마련되어 있어 주의를 끈다.

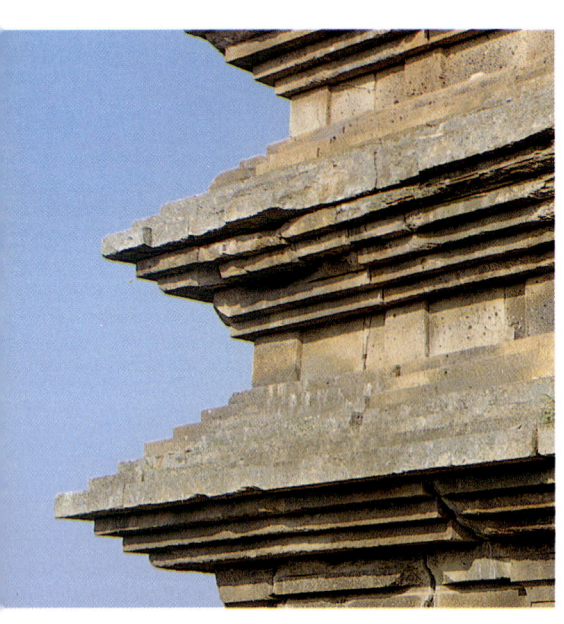

의성 탑리 5층석탑 옥개 옥개석은 수십 매의
석재를 결구하여 낙수면과 받침부를 별개로
구성하였는데 아랫면은 각층 5단씩의 받침을
이루었고 낙수면은 6단씩의 층단이며 추녀는
전각에 이르러 약간의 반전을 보이고 있다.

옥개석은 수십 매의 석재
를 결구하여 낙수면과 받침

부를 별개로 구성하였는데 아랫면은 각층 5단씩의 받침을 이루었고 낙
수면은 6단씩의 층단이며 추녀는 끝부분에 이르러 약간의 반전을 보이
고 있다. 상륜부는 현재 노반까지 남아 있고 복발 이상의 부재가 모두
손상된 것은 다른 석탑에서와 같은 현상이다. 이 석탑의 건립 연대에
대해서는 여러 가지 설이 있으나 석탑의 각부 세부 양식에서 목조 건축
양식의 일부가 보이고 특히 전탑 양식을 볼 수 있다는 점에서 7세기 중
엽을 전후한 시기로 보아도 무리는 아닐 것 같다.

이 석탑의 대체적인 특징은 광대한 석단 위에 5층의 탑신부를 구성

하고 있다는 것인데 탑신을 받기 위한 1매의 판석과 옥개의 상, 하 받침이 5단인 점은 곧 분황사 모전석탑과 통하는 점이며 기단이 광대한 것도 또한 상통하고 있는 점이라 하겠다.

반면 이 의성 탑리 5층석탑에는 분황사 모전석탑과는 달리 새로운 착상과 고수법의 간략화가 행하여지고 있는 점을 발견할 수 있다. 예컨대 기단이 잘 정비된 건축 기단의 양상을 보이고 있으며 탑신부의 탑신에는 우주 외에 탱주 한 주를 만들었고, 사방에 설치하였던 감실은 한 면에만 두고 있는 것이다.

이 석탑은 백제의 석탑인 미륵사지 석탑이나 부여 정림사지 5층석탑에서와 같이 기단부의 우주와 탱주나 탑신 우주의 민흘림이 강하게 나타나고 있다. 이러한 점으로 볼 때 이 석탑은 미륵사지 석탑이나 정림사지 석탑과 같이 양식 발생의 초기 형식에 속할 것으로 추정되며, 한국 석탑의 선구적인 모습 가운데 하나라고 말할 수 있겠다.

의성 빙계동 5층석탑(빙산사지 5층석탑)

의성 탑리 석탑에 인근한 물 맑고 깨끗한 빙계동 계곡의 마을 뒤에 위치한 탑으로 전체적인 모습이 의성 탑리 석탑을 흉내낸 듯한 형식이다. 단층 기단 위에 서 있는 석탑계 모전석탑이다. 큰 돌로 구성되어 있지만 낙수면의 모습이 단형을 이루어 모전석탑이라 부른다.

지대석은 크기가 일정치 않는 16매의 장대석으로 구성하고 그 위에 15매의 돌로 기단을 축조하였다. 기단은 탱주를 하나씩 세워 각 면을 양분하여 돌렸으며 우주와 탱주의 폭이 매우 넓다. 내림마루 부분에 돋을새김이 없는 갑석은 8매석으로 덮었고 부연이 없으며 윗면의 경사가 없고 탑신을 받을 한 단의 별석이 놓여 있다.

탑신부는 탑신과 옥개를 여러 개의 돌로 구성하였다. 1층 탑신은 남쪽 좌우에 별석의 우주를 세우고 감실을 개설하였는데 이 우주는 위는

의성 빙계동 5층석탑 기둥의 모습이 위는 좁고 아래는 넓으며 감실의 형식, 단층 기단 등 서로 비슷한 부분이 많으나 규모가 작아지고 기단의 탱주 수가 감소하고 탑신의 우주가 생략되는 등의 간략화 현상이 나타난다. 또한 기단의 기둥형이 둔중하고 탑신 밑에는 별석을 삽입하는 등의 새로운 양식이 나타난다. (아래는 기단부, 오른쪽은 전체)

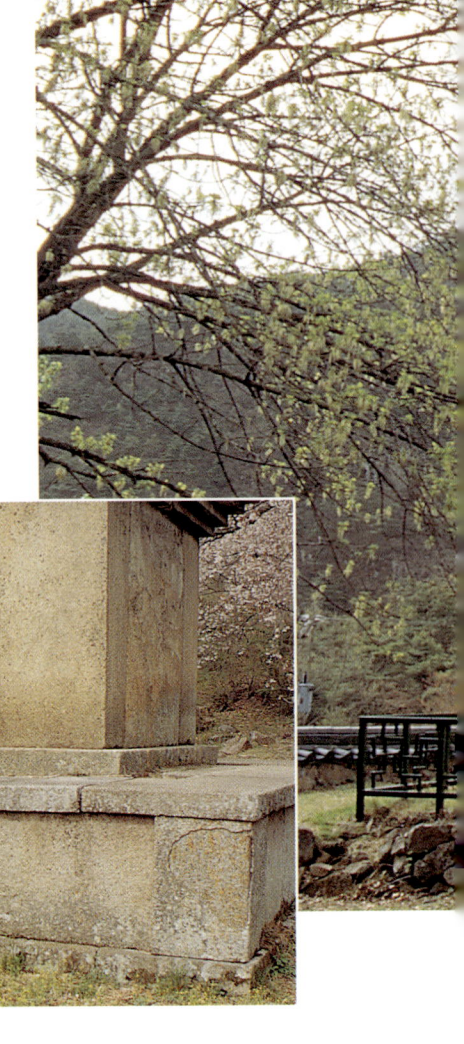

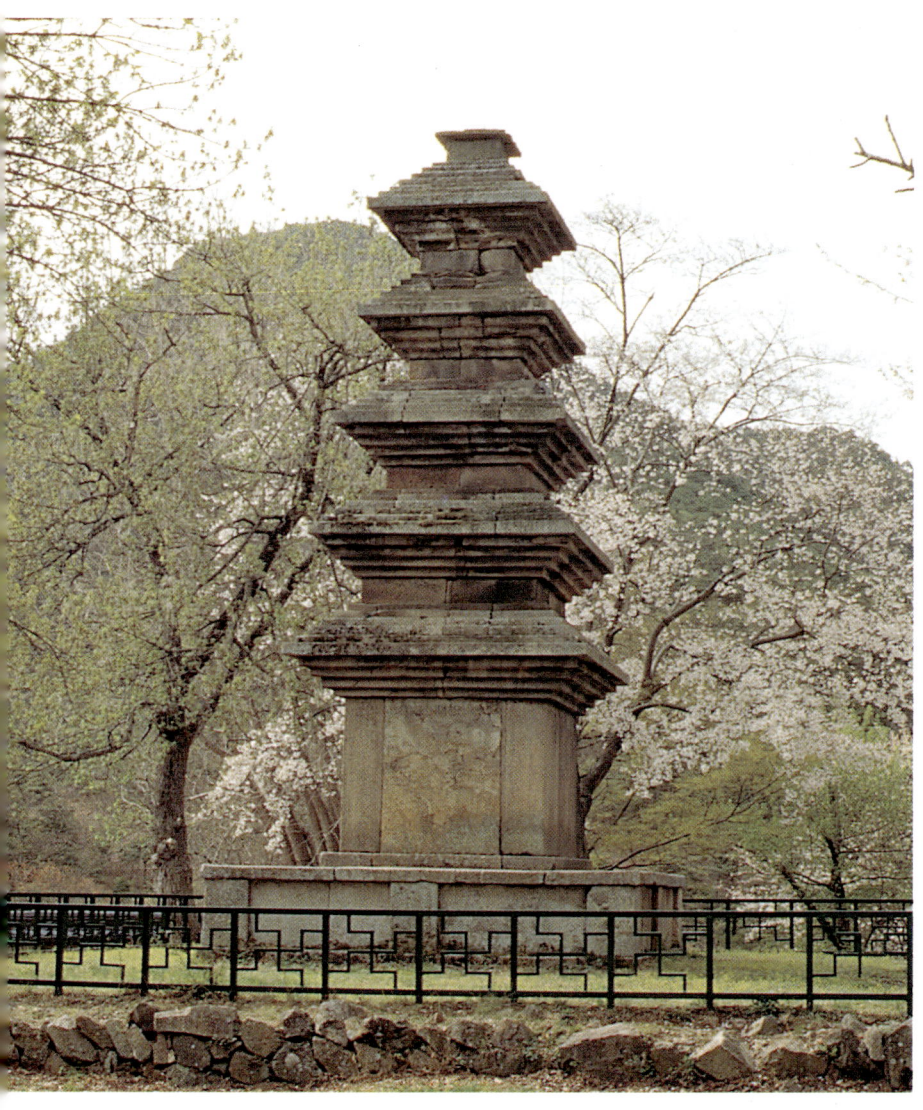

좁고 아래는 넓은 모습을 하고 있다. 그러나 측면에는 이러한 우주의 표현이 없고 2매석으로 되어 있기 때문에 정면에서는 우주로 보인다. 2층 이상의 탑신에는 우주형이 없이 여러 개의 별석으로 되어 있는 점 또한 특이한 형식이다.

옥개석은 상하에 층단을 이루는 전탑의 형식이고 4층과 5층은 1매석이나 3층 이하는 낙수면을 2매석으로 하였다. 층급 받침은 여러 개의 별석으로 하였으며 처마석과 낙수면석, 층급 받침석이 별석이다. 받침은 각층 4단이고 낙수면의 층단은 각층 모두 5단이다.

감실의 문비를 달았던 부분에는 지도리 구멍이 4센티미터 크기로 나 있고 감실 크기는 문비 크기보다 커서 깊이 58센티미터, 폭 116센티미터, 높이 148센티미터이다. 상륜부는 대부분 유실되고 노반만이 남아 있을 뿐이다.

이 탑이 같은 의성군 내의 탑리 석탑과 밀접한 관련이 있음은 쉽게 짐작할 수 있다. 기둥형의 모습이 위는 좁고 아래는 넓으며 감실의 형식, 단층 기단 등 서로 비슷한 부분이 많으나 규모가 작아지고 기단의 탱주 수가 감소하고 탑신의 우주가 생략되는 등의 간략화 현상이 나타난다. 또한 기단의 기둥형이 둔중하고 탑신 밑에는 별석을 삽입하는 등의 새로운 양식이 나타난다.

선산 죽장동 5층석탑

선산 죽장동 5층석탑과 같은 종류의 석탑은 모전석으로 건조한 것은 아니나 외형으로 보아 모전석탑의 형태와 비슷하게 보이므로 이러한 종류의 석탑을 이른바 모전석탑류라 칭하고 있다. 그러나 이 같은 종류의 탑은 재료가 석재이므로 분명히 석탑이다. 형태가 전탑을 모방하고 있기 때문에 언뜻 보면 모전석탑이라고도 하겠으나 모전석으로 만든 것이 아니고 작은 석재를 다량으로 쌓아서 결구하였으므로 모전석탑류

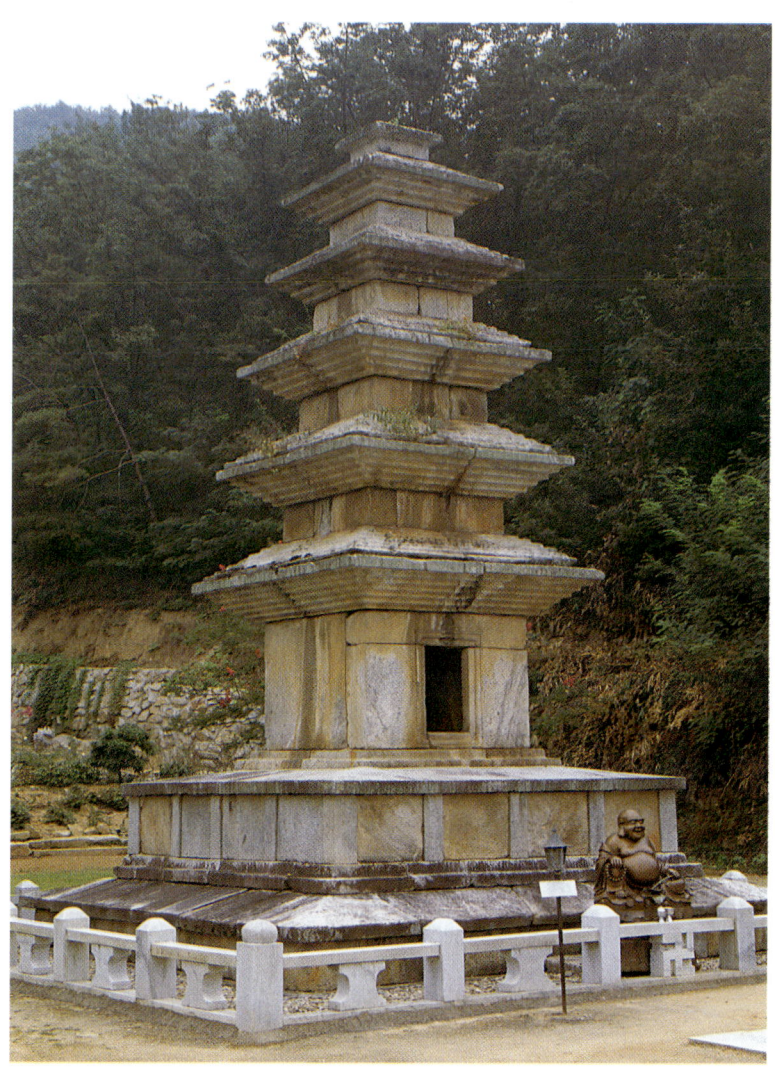

선산 죽장동 5층석탑 전체 높이가 10미터가 넘는 거대한 탑으로 5층석탑으로는 우리나라에서 제일 높을 것이다. 하층 기단 갑석 위에는 장대석으로 짜여진 높은 괴임 두 단이 마련되어 그 위에 상층 기단 면석을 받았는데 내부의 적심석이 드러나 보이는 것을 몇 년전 국보로 지정된 뒤에 보수하였다.

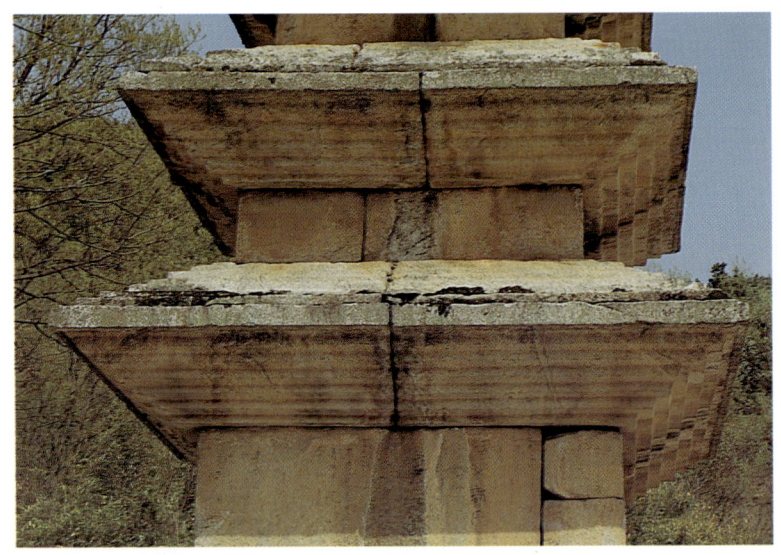

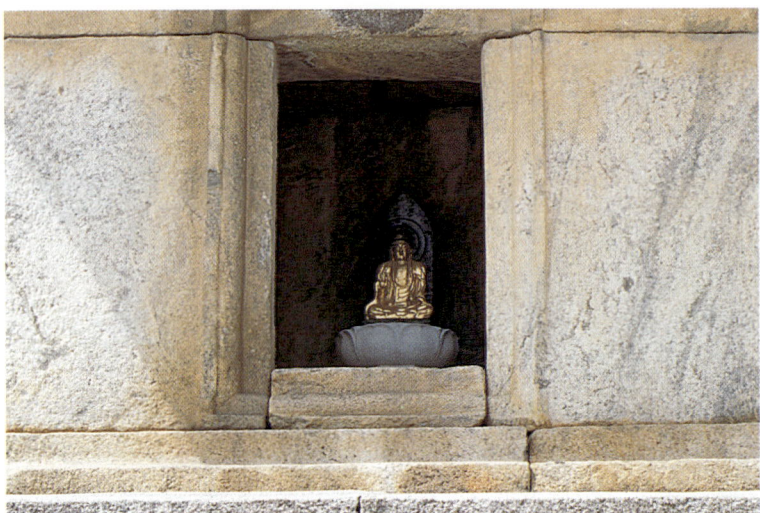

선산 죽장동 5층석탑 부분 형태가 전탑을 모방하고 있기 때문에 언뜻 보면 모전석탑이라고도 하겠으나 모전석으로 만든 것이 아니고 작은 석재를 다량으로 쌓아서 결구하였으므로 모전석탑류라는 별개의 유형으로 볼 수 있다(위는 탑신부). 1층 탑신은 6매석으로 이루어졌으며 남쪽 면에 감실이 마련되었는데 현재 그 내부는 비어 있으나 본래는 존상을 봉안하였을 것이다. (아래)

라는 별개의 유형으로 볼 수 있다.

예를 들면 의성 탑리 5층석탑을 비롯하여 선산 죽장동 5층석탑과 경주 서악리 3층석탑, 경주 남산리 동3층석탑 등이 이에 속하는 것으로 모전석탑으로 알기 쉬우나 실제는 모전석이 아니고 계단 모양으로 치석한 석재로 이루어져 있다.

이 석탑은 전체 높이가 10미터가 넘는 거대한 탑으로 5층석탑으로는 우리나라에서 제일 높을 것이다. 하층 기단 갑석 위에는 장대석으로 짜여진 높은 괴임 두 단이 마련되어 그 위에 상층 기단 면석을 받았는데 내부의 적심석이 드러나 보이는 것을 근년에 국보로 지정된 뒤에 보수하였다.

1층 탑신은 6매석으로 이루졌으며 남쪽 면에 감실이 마련되었는데 현재 그 내부는 비어 있으나 본래는 존상을 봉안하였을 것이다. 감실 입구에는 각형과 4분원의 몰딩으로 그 내부 좌우의 상하에 작은 원공(圓孔)이 뚫려 있는데 이것은 양쪽으로 문비가 마련되었던 흔적으로 볼 수 있다.

1층 옥개석은 4면석으로 마련되었는데 옥개 받침은 6단이고 처마에는 낙수홈이 음각되었으며 낙수면은 층단식으로 되어 있어 7단의 층단으로 이루어졌다. 2층 탑신은 3매석으로 구성되었는데 옥개는 4매석으로 받침이 5단이고 낙수홈이 음각되었으며 낙수면의 층단은 6단이다. 3층 탑신은 4매석으로 짜여졌고 옥개도 4매석인데 받침은 4단이고 처마에 낙수홈이 음각되었으며 낙수면의 층단은 6단을 이루고 있다. 4층의 탑신과 옥개는 모두 3매석인데 옥개 받침이 3단이고 처마에 낙수홈이 음각되었으며 낙수면의 층단은 5단이다.

5층에서 탑신은 2매석이나 옥개는 단일석으로 구성되었으며 받침이 3단인데 처마에는 낙수홈이 음각되었으며 낙수면의 층단은 6단이다. 탑 정상부에는 1석으로 된 노반이 놓여 있다.

이 석탑은 통일신라시대의 전형적 양식인 2층 기단을 형성하고 있으나 기단부와 탑신부는 양 우주와 탱주가 보이지 않아 특이하다. 그러나 규모가 거대하여 탑신 각층에 많은 석재를 결구하였기 때문에 우주를 조각하여 나타내는 것이 곤란하였을 것으로 짐작된다.

이 석탑은 1968년에 조사한 후, 국보 제130호로 지정되어 특히 기단부의 보수가 진행되었는데 이때에 기단부의 우주와 탱주를 새로이 만들고 갑석도 보완하여 국보로서의 면모를 제대로 갖추게 되었다.

선산 낙산동 3층석탑

선산읍에서 낙동강을 건너 일선교 삼거리로부터 해평 쪽으로 약 3킬로미터 되는 낙산 1동 부락의 동남쪽 논 가운데에 거대한 3층석탑이 있다. 현지에는 석탑 이외에 아무런 유구도 없으나 일대의 경작지에서 연화문 막새기와를 비롯한 많은 옛 기와편과 토기 파편을 볼 수 있으므로 옛 절터임을 알 수 있다.

오랫동안 기단 일부가 묻혀 있었고 약간의 석재가 손상된 부분도 있었으나 1968년 12월에 보물 제469호로 지정된 뒤 해체 보수하여 현재는 완전한 상태로 잘 보존되어 있다. 높이 8미터의 거대한 석탑으로 신라시대의 전형적 양식인 2층 기단을 마련하고 그 위에 탑신을 세웠다. 장대한 지대석 위에 하층 기단을 놓았는데 면석은 8매석으로 구성되었고 양 우주가 있으며 각 면에 3주의 탱주가 조각되어 있어 주목된다.

상층 기단 면석에는 양 우주와 탱주가 정연하게 조각되어 있다. 상층 기단 갑석은 4매석으로 결구되었으며 아랫면에는 부연이 조각되어 깎아져 있고 윗면에는 4분원의 몰딩과 낮은 각형으로 된 한 단의 받침으로 탑신부를 받고 있다. 탑신 바로 밑에도 치석한 장대석 받침 2석을 놓아 주목을 끈다.

탑신부는 1층 탑신 남쪽에 감실이 개설되었는데 문비가 있었던 흔적

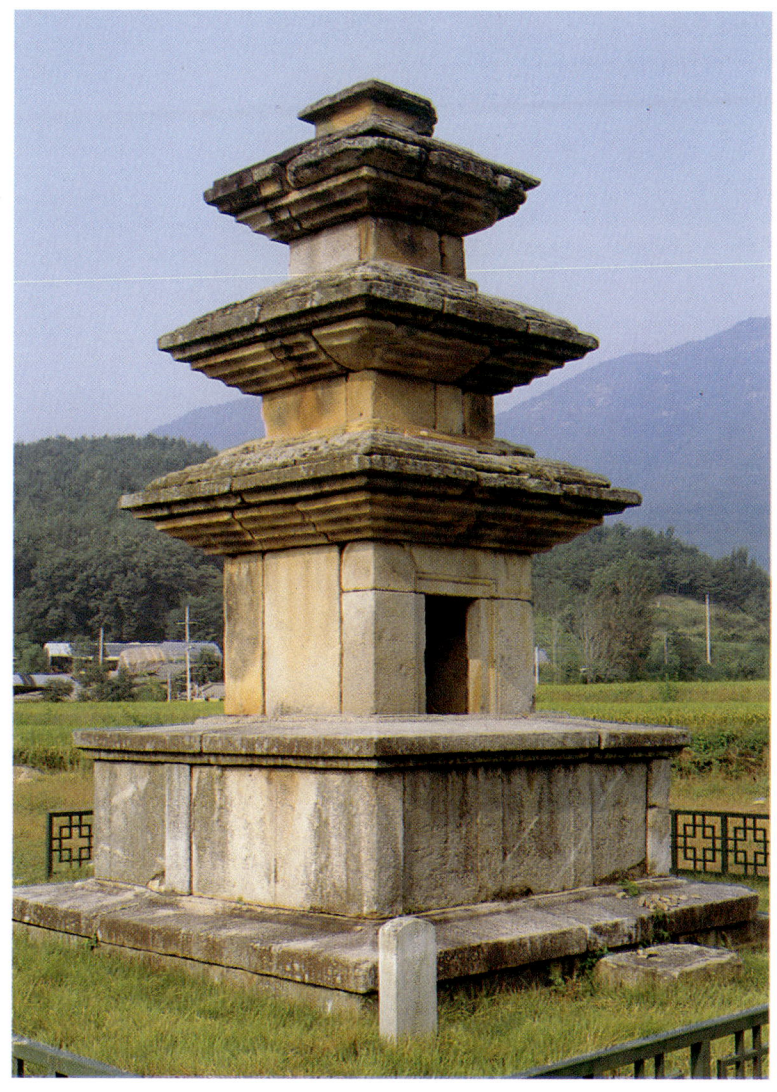

선산 낙산동 3층석탑 오랫동안 기단 일부가 묻혀 있었고 약간의 석재가 결실된 부분도 있었으나 1968년 12월에 보물 제469호로 지정된 뒤 해체 보수하여 현재는 완전한 상태로 잘 보존되어 있다.

으로 현재는 감실 입구 내부의 양측 상하에 둥근 구멍만이 남아 있다. 1층 탑신은 네 귀퉁이에 석주를 세우고 그 사이에 1매씩의 면석을 세웠으며 남면만은 감실로 인하여 상하에 1석씩을 놓아 조립하였다.

옥개석은 이 탑이 워낙 큰 석탑이어서 1매석이 아니고 여러 매로 구성되었는데 낙수면은 각층 모두 전탑 양식과 같이 여러 단의 층단을 이루고 있다. 1층 옥개석은 받침이 5단이고 낙수면의 층단은 7단인데 구성 부재는 받침부가 7매석이며 낙수면부는 13매로 이루어졌다.

3층 옥개석 정상에는 1석으로 된 노반이 놓였는데 노반 상면에는 한 단의 각형 받침이 있고 그 정상에 복발 받침인 원형 받침 한 단이 조각

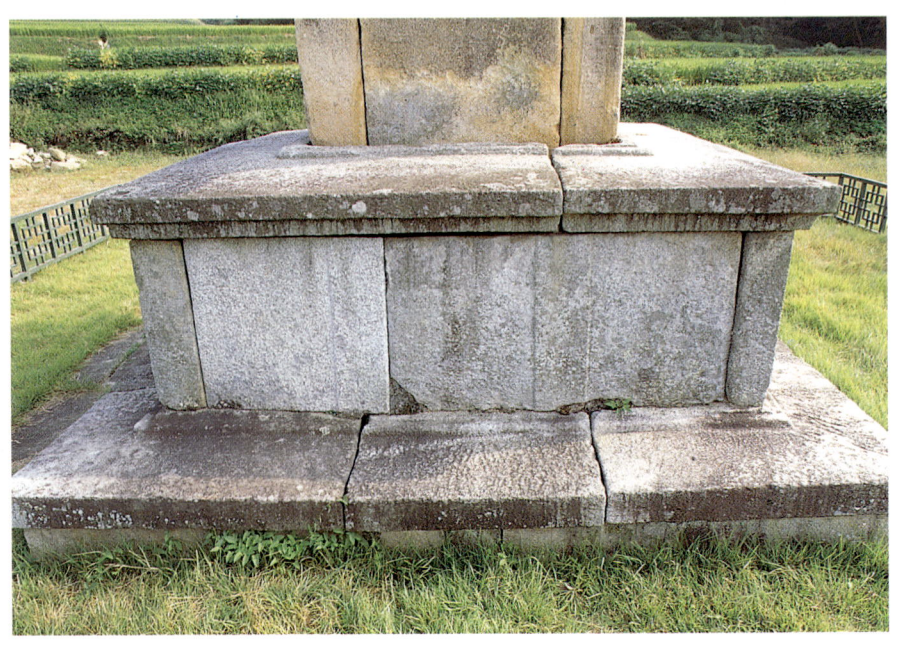

선산 낙산동 3층석탑 기단부 상층 기단 면석에는 양 우주와 탱주가 정연하게 각출되어 있다. 그런데 탑신 바로 밑에도 치석한 장대석 받침 2석을 놓아 주목을 끈다.

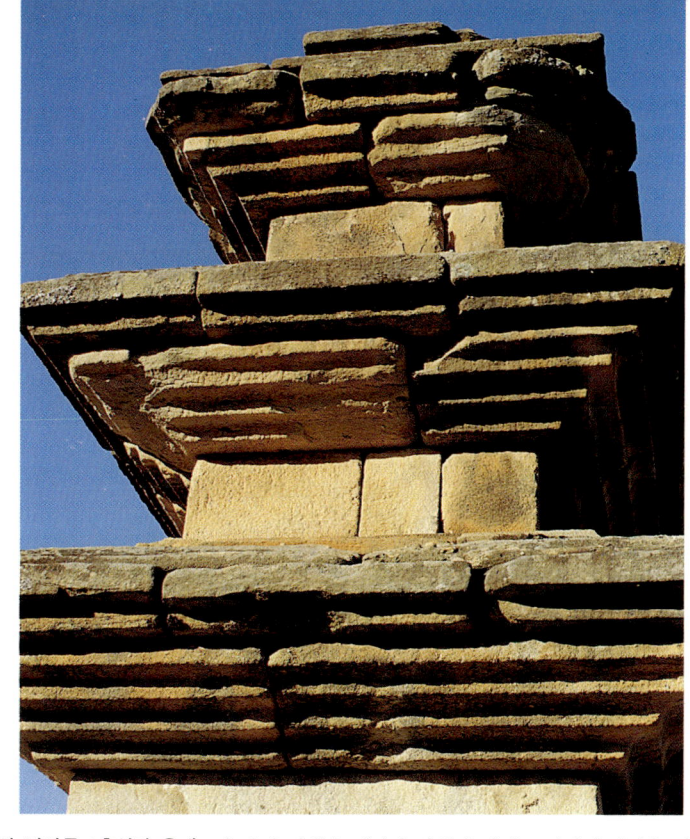

선산 낙산동 3층석탑 옥개 각 옥개 받침은 직각의 받침이 아니고 약간씩 사선을 이루고 있어 마치 부여의 정림사지 5층석탑의 받침부를 보는 듯한 인상을 주고 있다.

되었으며 그 중앙에는 찰주원공이 관통되어 3층 옥개석 중심에까지 뚫려 있다.

1층과 2층의 옥개석 전각 상면에는 낙수골이 뚜렷이 음각되었는데 3층 옥개석 전각상면에 낙수골은 없으나 내림마루의 표현만은 뚜렷하다. 각 옥개 받침은 직각의 받침이 아니고 약간씩 사선을 이루고 있어 마치 부여 정림사지 5층석탑의 받침부를 보는 듯한 인상을 주고 있다.

기단부의 양식에서도 특히 하층 기단 면석에 3주의 탱주가 표현된 것은 초기 양식이라 하겠는데 탑신부와 옥개석의 구성 방법은 다소 시대가 떨어지는 것 같다. 이러한 유형의 석탑으로는 선산 죽장동 5층석탑을 들 수 있는데 이렇듯 같은 지역에서 동일한 계열의 모전석탑류가 건립되었음은 주목되는 일이라 하겠다.

이 석탑은 각 부재의 치석 수법이나 기단부의 구조 및 탑신석과 옥개석의 수법으로 보아 통일신라의 전성기인 8세기의 작품으로 추정된다.

경주 서악리 3층석탑과 남산리 동3층석탑

옥개석 낙수면을 계단 형식으로 한 모전석탑의 유형은 신라의 왕도인 경주에서도 몇 기를 볼 수 있는데, 경주시 서악동 선도산 남쪽 기슭에 위치한 3층석탑과 경주시 남산동 남산 동쪽 기슭에 위치한 2기를 대표로 들 수 있다.

서악리 3층석탑은 탑신부뿐만 아니라 기단부에서도 특이한 면을 보이고 있어서 석탑 연구상 중요한 자료로 주목된다. 4매의 장대석을 동서로 깔아 지대석을 삼고 그 위에 8개의 정육면체로 치석한 석괴로 기단을 구성하고 있어 일반형 석탑의 기단부와는 전혀 다른 형식이다. 일반적인 기단은 상하 2층, 혹은 단층의 기단으로 면석과 갑석으로 이루어졌는데 이 탑에서는 상자 모양의 석괴형을 하고 있는 것이다. 그러나 이러한 경우에도 층은 단층이라야 할 것이다.

기단부 상면에 하나의 판석을 끼워 탑신부를 받고 있으며 1층 탑신석의 남쪽면에는 중심부를 파내어 감형(龕形)을 만들었는데 그 중심에 둥근 구멍이 남아 있어 자물쇠 모양을 붙였던 자리가 보인다. 이 감형 좌우에는 인왕상을 배치하여 더욱 주목을 끈다.

각층의 탑신석은 하나의 돌로 조성되었으며 우주는 조각되지 않았다. 옥개석은 이 석탑에서 특징을 이루고 있는 부분인데 낙수면의 층단은 1층이 7단, 2층은 6단, 3층도 6단이다. 일반적인 모전석탑의 유형에서는 여러 개의 석재를 치석하여 조립함으로써 모전석탑의 형태를

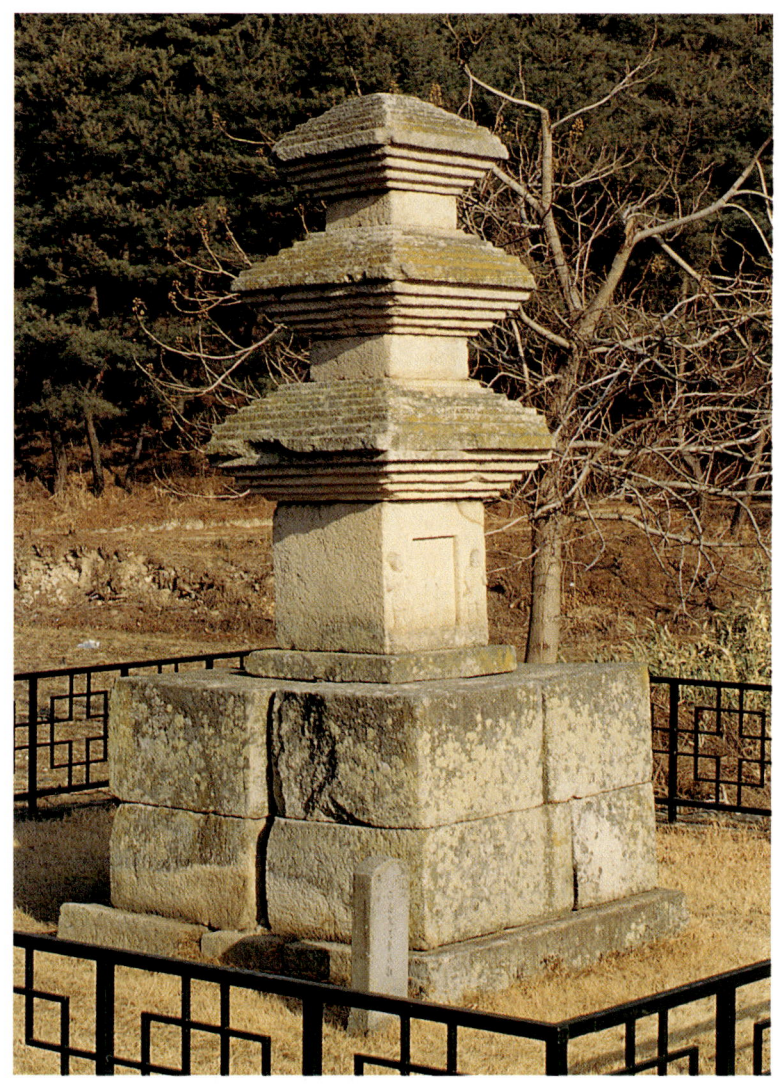

경주 서악리 3층 석탑 옥개석 낙수면을 계단 형식으로 한 모전석탑의 유형으로 탑신부뿐만 아니라 기단부에서도 상자 모양의 석괴형을 한 특이한 면을 보이고 있어서 석탑 연구상 중요한 자료로 주목된다.

보이고 있으나 이 탑에서는 하나의 돌로 옥개 받침과 낙수면의 층단까지 표현하고 있어 특이하다.

이 탑에서 옥개 받침의 단수가 3층까지 같지 않은 것은 후대로 오면서 일정하게 표현되던 옥개 받침의 단수가 점점 지켜지지 않게 된 때문이며 하나의 돌로 상하의 층단까지 마련한 것은 석탑의 규모가 작아졌기 때문인 것으로 이해된다.

이런 점들로 미루어 이 석탑의 건립 연대는 9세기로 추정된다. 이 석탑이 건립되어 있는 곳은 영경사 옛터라고 전하고 있으나 아직 발굴 조사된 바가 없고 확실한 근거도 없다.

경주 남산 동쪽 기슭의 남산동에는 널찍한 옛 절터가 있고 동서로 쌍탑이 건립되어 있는데 대개의 경우는 양 탑이 같은 형태이나 이곳의 쌍

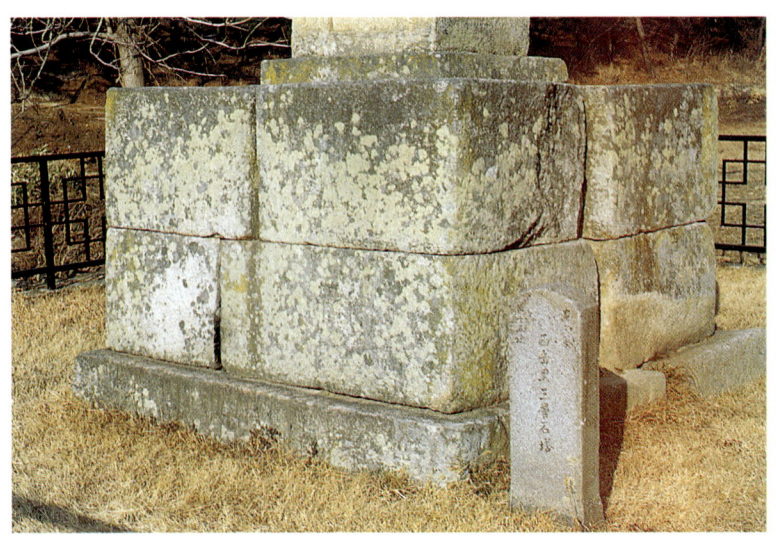

경주 서악리 3층석탑 기단부 일반적인 기단은 상하 2층, 혹은 단층의 기단으로 면석과 갑석으로 이루어졌는데 이 탑에서는 상자 모양의 석괴형을 하고 있다는 것이 특징이다.

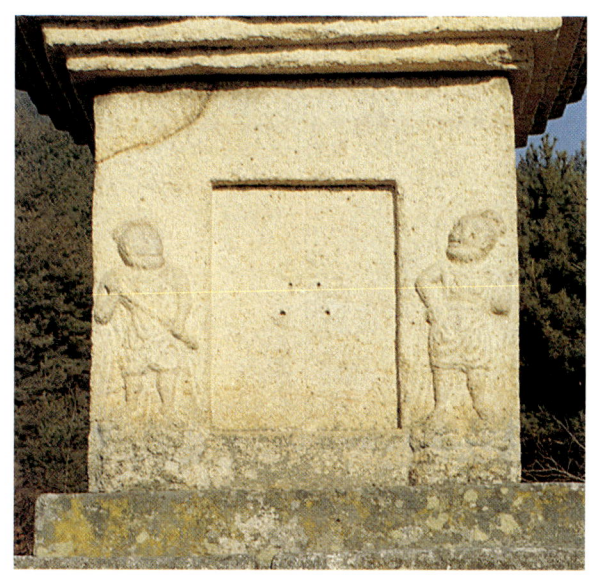

경주 서악리 3층석탑 감형 기단부에 하나의 판석을 끼워 탑신부를 받고 있으며 1층 탑신석의 남쪽면 중심부를 파내어 감형을 만들었다. 그 중심에는 둥근 구멍이 남아 있는데 자물쇠 모양을 붙였던 자리로 여겨진다. 이 감형 좌우에는 인왕상을 배치하여 더욱 주목을 끈다.

탑은 그렇지 않고 서로 양식이 달라 불국사의 쌍탑을 연상케 한다. 곧 동탑은 모전석탑의 유형이고 서탑은 일반형 석탑이다.

남산리 동3층석탑은 기단부와 탑신부로 이루어졌는데 이 석탑도 서악리 3층석탑과 같이 탑신부뿐만 아니라 기단부에서도 특이한 면을 보인다. 탑구처럼 널찍하게 지대를 마련하고 그 한가운데에 여러 개의 판석으로 이루어진 지대를 놓고 기단을 구성하였는데 직육면체로 치석한 8매의 석재를 결구하여 단층의 기단을 이루고 있다.

기단 윗면 중심에는 높직한 정사각형의 괴임돌을 놓아 탑신부를 받고 있는데 이 괴임돌에는 높직한 한 단과 낮은 두 단의 각형 괴임단을

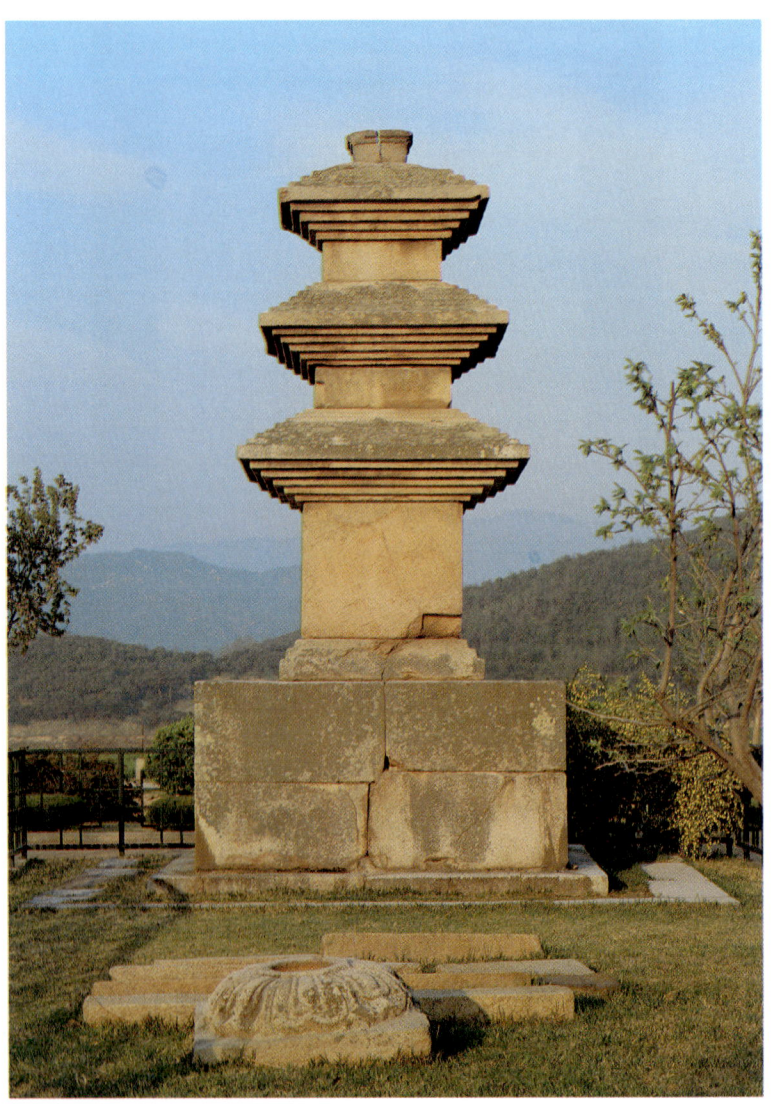

경주 남산리 동3층석탑 탑구처럼 널찍하게 지대를 마련하고 그 한가운데 여러 개의 판석으로 이루어진 지대를 놓고 기단을 구성하였는데 직육면체로 치석한 8개의 석재를 결구하여 단층의 기단을 이루고 있다.

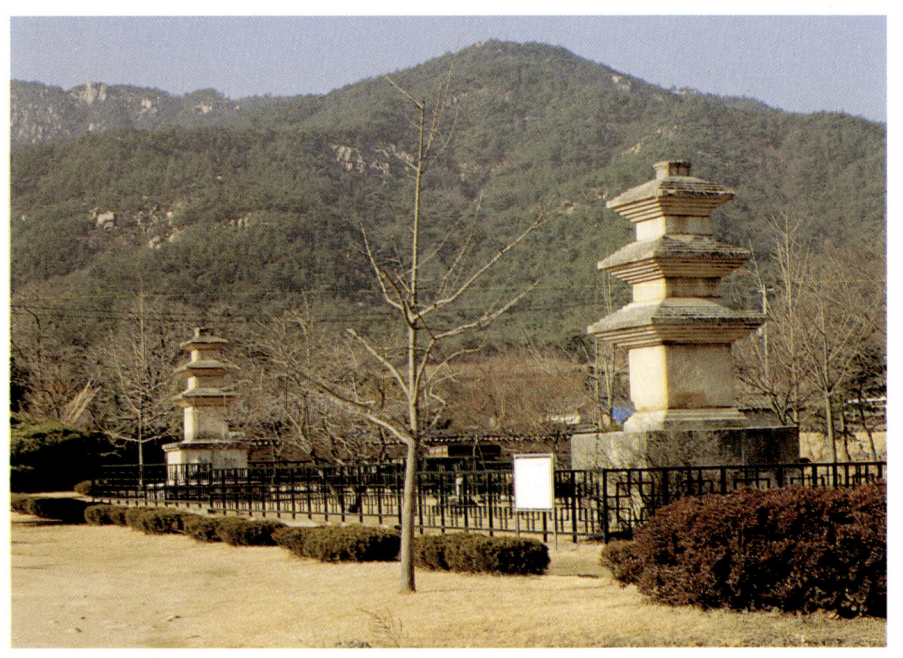

경주 남산리 쌍탑 경주 남산 동쪽 기슭의 남산동에는 널찍한 옛 절터가 있고 동서로 쌍탑이 건립되어 있는데 양 탑의 양식이 서로 달라 불국사의 쌍탑을 연상케 한다. 곧 동탑은 모전석탑의 유형이고 서탑은 일반형 석탑이다.

조각하여 1층 탑신을 돋보이게 하고 있다. 탑신부는 각층의 탑신석이 하나의 돌로 조성되었으며 양 우주는 각출되지 않았다.

옥개석도 하나의 돌로 조성하였는데 아랫면의 옥개 받침은 1층이 5단, 2층도 5단이나 3층은 4단으로 줄어들었다. 낙수면의 층단은 1층이 7단, 2층이 6단, 3층이 5단이다.

상륜부는 하나의 돌로 조성한 노반석 하나가 남아 있는데 노반석의 양식은 일반형 석탑과 같이 상단부에 2단의 받침이 있고 찰주공이 관통되어 있다.

이 석탑도 옥개 받침의 수효가 일정하지 않으며 모전석탑의 유형이지만 많은 석재를 결구하지 않고 낙수면도 하나의 돌에 여러 개의 층단만을 각출하고 있음을 볼 수 있다. 이것은 석탑의 규모가 작아졌기 때문이기도 하나 역시 시대의 흐름에 따른 변형이라고 볼 수 있다.

이상과 같이 9세기에 이르면서 형태는 모전석탑의 유형을 보이나 그 조성 재료가 돌 하나로 옥개석이 이루어지고 있어 모전석탑의 변화한 모습을 잘 살필 수 있는 점에서 이 2기의 석탑은 석탑 연구상 귀중한 자료라 하겠다.

이들 석탑계 모전석탑 외에 운주사에 2기의 유사한 모전석탑이 있는데 멀리 떨어진 곳에 나타난 예라서 그 연계성이 주목된다.

맺음말

불탑은 부처의 사리를 모실 목적으로 건립된 탑으로 경배의 주된 대상이었기 때문에 불교 초기에는 사찰의 중심부에 위치하여 있었다. 뒤에 불상이 출현하면서 탑의 경배 가치가 다소 저하되었으나 주불전 앞에는 반드시 탑이 건립되었다. 이러한 이유 등으로 인하여 한국의 옛 유구들 가운데 가장 흔하고 예전의 모습을 아직까지 잘 보존하고 있는 것이 바로 불탑이다.

동양의 건축 문화권에 속한 우리나라는 목조 건축이 일반적이었기 때문에 벽돌은 탑, 묘, 성벽 등에 한정적으로 사용되었다. 우리나라에서는 낙랑 문화기에 들어서 평양 일대에 이미 벽돌로 쌓은 무덤이 있어 벽돌이 그 당시에도 사용되었음을 알 수 있는데 낙랑의 벽돌은 종류와 문양이 매우 다양하고 뛰어났던 것으로 보아 벽돌 제조 기술이 상당 수준이었을 것으로 보인다.

그러나 낙랑시대의 벽돌로 축조된 고분과 그 영향으로 만들어졌다고 생각되는 백제의 벽돌 무덤 정도가 벽돌 사용의 드문 예이고 이를 제외한 순수한 벽돌 건축은 찾기 힘들다. 물론 삼국시대 이후 바닥벽돌이나 벽을 축조하는 재료로 부분적으로 사용하기는 하였지만 이는 귀족적인

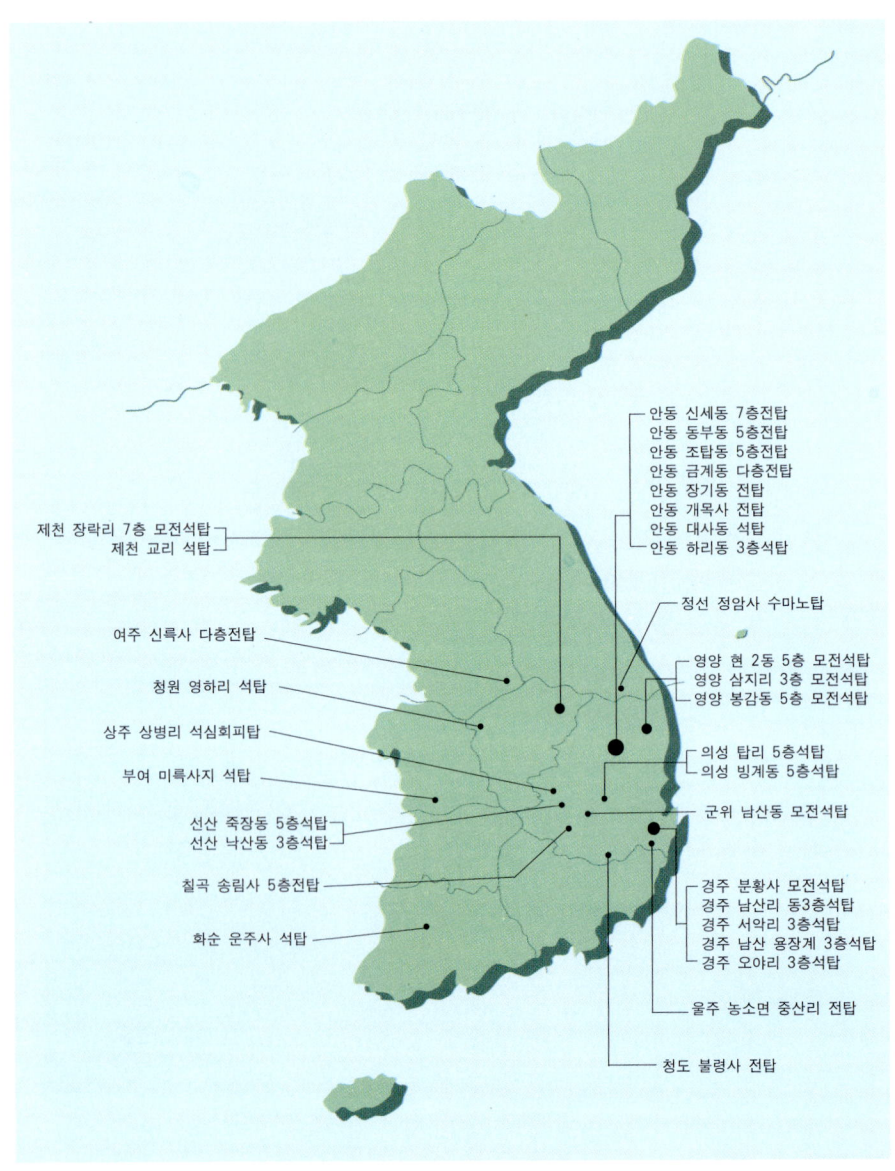

안동 신세동 7층전탑
안동 동부동 5층전탑
안동 조탑동 5층전탑
안동 금계동 다층전탑
안동 장기동 전탑
안동 개목사 전탑
안동 대사동 석탑
안동 하리동 3층석탑

제천 장락리 7층 모전석탑
제천 교리 석탑

정선 정암사 수마노탑

여주 신륵사 다층전탑

영양 현 2동 5층 모전석탑
영양 삼지리 3층 모전석탑
영양 봉감동 5층 모전석탑

청원 영하리 석탑

상주 상병리 석심회피탑

의성 탑리 5층석탑
의성 빙계동 5층석탑

부여 미륵사지 석탑

군위 남산동 모전석탑

선산 죽장동 5층석탑
선산 낙산동 3층석탑

경주 분황사 모전석탑
경주 남산리 동3층석탑
경주 서악리 3층석탑
경주 남산 용장계 3층석탑
경주 오야리 3층석탑

칠곡 송림사 5층전탑

화순 운주사 석탑

울주 농소면 중산리 전탑

청도 불령사 전탑

우리나라의 전탑과 모전석탑 분포도

성향을 갖고 있는 중국에서와 같이 일반 백성들에게까지 널리 보급된 것은 아니었다.

　이런 우리나라에 신라의 삼국 통일을 전후한 시기에 축조된 것으로 여겨지는 전탑의 존재는 매우 흥미있는 연구거리이다. 전탑은 남아 있는 수가 별로 되지 않고 지역도 한 곳에 집중되어 있는 까닭에 우리나라 탑의 주류를 이루는 석탑에 비하여 별로 알려지지 않았었다.

　석재를 다루기보다 벽돌을 구워서 쓰면 더욱 편리할 것 같은데 우리 민족이 지니는 석재에의 애착은 무척 컸던 모양이다. 결국 돌을 깎아 벽돌 모양을 흉내낸 탑들이 많이 나타나는 것도 그 탓일 것이다.

　전탑은 어떤 면에서 보면 축조 시기나 지역에 대한 의문이 아직 명확히 풀어지지 않았기 때문에 더 많은 관심과 연구 의욕을 불러일으킨다고 할 수 있다. 앞으로 전탑에 대한 연구가 더 활성화되어 아직 밝혀지지 않은 전탑의 비밀들이 속속 풀리기를 기대하여 본다.

용어 설명

감실(龕室) 벽에 조그마하고 우묵하게 만든 자리나 작게 낸 방. 불교에서는 부처를 모시어 두는 조그마한 공간, 천주교에서 제대 위에 성체를 모셔 두는 작은 방을 일컬음.

갑석(甲石) 석탑의 기단 위에 뚜껑처럼 덮어 놓은 돌.

궁륭(穹窿) 반원형으로 길게 된 천장. 볼트.

기단(基壇) 건축물이나 탑 따위의 기초가 되는 단.

길이쌓기 벽의 표면에 벽돌의 길이면만 계속하여 나타나게 쌓는 것.

내림마루 지붕면에 따라 경사져 내린 마루의 총칭. 박공마루, 합각마루, 추녀마루, 우진각 마루 등.

내반(內反) 내반전. 위가 안쪽으로 곡면으로 기울게 된 것.

내쌓기 벽돌이나 돌 등을 벽면에서 연속적으로 또는 단속적으로 내밀어 쌓는 일.

노반(露盤) 탑부 가장 윗부분 옥개석 위에 놓아 복발, 앙화, 상륜 등을 받치는 장식. 승로반의 준말.

들여쌓기 벽돌을 한 단 또는 단단으로 후퇴시켜 들여놓아 쌓는 일.

마구리쌓기 벽의 표면에 벽돌의 마구리(길쭉한 물건의 양쪽 면)만 계속하여 나타나게 쌓는 것.

막새기와 처마 끝에 덮는 수키와에 와당(기와의 마구리)이 달린 기와. 숫막새는 내림새(암키와에 와당이 달린 것)를 암막새라 하는 데에서 온 잘못된 말.

막힌줄눈 조적시에 상하 켜의 세로줄눈이 일직선상으로 통하지 않게 된 줄눈.

망와(望瓦) 지붕마루 끝에 세우는 내림새. 암막새 모양의 기와.

몰딩 부재의 모서리 부분을 둥글게 처리하는 것.

문선대 문의 양쪽에 세워 문짝을 끼워 달게 된 기둥. 문짝과 벽의 끝을 아물리고 장식으로 문틀의 주위에 두르는 테두리.

문주(門柱) 문의 양쪽에 세워 문짝을 끼워 달게 된 기둥. 선틀.

민흘림 기둥 뿌리는 굵고, 위로 올라가면서 가늘게 된 기둥.

반곡(反曲) 수평부재에서 끝 부분을 약간 치켜올려 곡면을 이룸.

보개(寶蓋) 탑 상륜부의 보륜과 수연 사이에 있는 닫집 모양의 부분.

보륜(寶輪) 탑의 꼭대기에 있는 바퀴 모양의 장식. 상륜의 일부.

보주(寶蛛) 불교에서 보배로 여기는 구형의 구슬을 상징하여 탑의 상륜부에 얹는 주발 모양의 장식.

복발(覆鉢) 탑의 노반 위에 놓는 엎은 주발 모양의 장식.

부연(副椽) 처마 서까래의 처마 끝에 덧얹어 건 짤막한 서까래.

상륜(相輪) 탑의 수연 바로 아래 있는, 청동으로 만든 아홉 층의 둥근테.

수연(水烟) 탑의 상륜 윗부분에 불꽃 모양으로 만든 장식.

아귀토 수키와의 처마 끝에 물린 회백토 반죽.

앙화(仰花) 탑의 복발 위에 놓는 꽃 모양을 새긴 장식. 꽃이나 잎이 위로 솟은 듯이 표현된 모양.

오금 안쏠림의 다른 이름. 모서리 기둥이 오목하게 안쪽을 향하여 들어간 것.

옥개(屋蓋) 지붕.

외벌대 기단 돌을 한 단으로 설치해 놓은 것.

용차(龍車) 탑의 상륜부 꼭대기에 있는 보주 아래에 끼운 둥근 장식.

우주(隅柱) 귓기둥. 모서리 기둥.

이맛돌 홍예의 정상부에 놓이는 돌. 아궁이의 좌우에 세운 볏돌 위에 건너지른 돌.

인방(引枋) 출입구나 창 따위의 아래위에 가로놓여 벽을 받쳐 주는 나무 또는 돌.

장대석(長臺石) 길게 다듬어 만든 돌. 섬돌·축대 따위로 씀.

저석(低石) 석탑에 있어서 바탕이 되는 가장 아랫부분의 돌.

적심층(積心層) 벽 안쪽을 돌이나 벽돌, 잡석으로 튼튼히 쌓은 층.

주두(柱枓) 기둥머리를 장식하며 공포부재(살미, 첨차, 쇠서, 두공 등)를 받는 됫박처럼 네모지게 만든 부재.

줄눈 벽돌이나 돌을 쌓을 때 그 주위에 모르타르를 바르거나 사춤쳐 넣는 부분. 가로줄눈과 세로줄눈으로 크게 구별됨.

지대석(地臺石) 석탑에서 저석 위에 올려놓은 기단의 하부 부재.

지도리 구멍 돌쩌귀, 문장부 구멍 등의 총칭.

찰주(擦柱) 상륜의 중심 기둥.

찰주 원공(擦柱圓孔) 탑의 상륜부에 있는 중심 기둥이 들어가는 둥근 구멍.

창방(昌防) 한식 목조 건물의 기둥 위에 가로로 건너질러 연결하고 평방 또는 화반, 소로 등을 받는 가로재.

탑신(塔身) 탑의 기단과 상륜 사이에 있는 탑의 몸체.

탱주(撑柱) 넘어지지 않게 버틴 기둥. 탑 기단의 면석 사이에 채우거나 면석에 기둥 모양을 도드라지게 새긴 기둥.

허튼층쌓기 돌쌓기의 가로줄눈이 직선으로 되지 않게 불규칙한 돌을 흐트러뜨려 쌓는 일.

홍예(虹霓) 조적재를 개구부의 상부에 반원 또는 무지개 모양의 곡선으로 축조하고 그 위에 벽을 쌓는 구조부. 아치.

참고 문헌

『분황사 석탑 실측 조사 보고서』, 문화재관리국, 1992.

고유섭, 『한국미술문화사논총』, 통문관, 1966.

──, 『한국미술사미학논고』, 통문관, 1963.

김희경, 『탑』, 한국의 미술 2, 열화당, 1982.

비난트 클라센 지음·조희철 옮김, 『서양건축사』, 대우출판사, 1990.

윤장섭, 『서양건축사』, 동명사, 1975.

──, 『한국건축사』, 동명사, 1973.

이은창, 『백제의 조각과 미술』, 공주대학교 박물관, 1992.

장충식, 『신라 석탑 연구』, 일지사, 1987.

정인국, 『서양건축사』, 문운당, 1976.

조정현, 『꽃담』, 대원사, 1989.

진홍섭, 『한국의 미-석탑』, 중앙일보사, 1980.

김태영, 「한국 개항기 외인관의 건축적 특성에 관한 연구」, 서울대학교 박사논문, 1990.

두창훈, 「한국 천주교 성당 건축의 외벽재 사용 현황 분석에 관한 연구」, 고려대학교 석사논문, 1987.

박명덕, 「조선 후기 실학자들이 본 벽돌에 대하여」, 『월간 토석』 1월호, 1991.

임영배, 「한국 탑파 건축의 조형 특성에 관한 연구」, 홍익대학교 박사논문, 1981.

장기인, 「한국 전통 건축 문화의 조형과 벽돌」, 『월간 토석』 10월호, 1990.

진홍섭, 「안동 금계동 화인사지 전탑」, 『미술자료 1』, 1960.

천득염, 「백제계 석탑의 특성과 변천에 관한 연구」, 고려대학교 박사논문, 1990.

빛깔있는 책들 103-39

전탑

글	—천득염
사진	—천득염, 이용관
회장	—차민도
발행인	—장세우
발행처	—주식회사 대원사
편집	—박수진, 김분하, 연인숙, 권효정
미술	—박종란, 김명준, 김지연
총무	—이훈, 이규현, 정광진
영업	—김기태, 이승욱, 문제훈, 이제수, 강미영
이사	—이명훈
첫판 1쇄	—1998년 10월 10일 발행
첫판 2쇄	—2002년 5월 30일 발행

주식회사 대원사
우편번호/140-901
서울 용산구 후암동 358-17
전화번호/(02) 757-6717~9
팩시밀리/(02) 775-8043
등록번호/제 3-191호
http://www.daewonsa.co.kr

값 13,000원

Daewonsa Publishing Co., Ltd.
Printed in Korea(1998)

ISBN 89-369-0220-2 04220

빛깔있는 책들

민속(분류번호 : 101)

1 짚문화	2 유기	3 소반	4 민속놀이(개정판)	5 전통 매듭
6 전통 자수	7 복식	8 팔도 굿	9 제주 성읍 마을	10 조상 제례
11 한국의 배	12 한국의 춤	13 전통 부채	14 우리 옛 악기	15 솟대
16 전통 상례	17 농기구	18 옛다리	19 장승과 벅수	106 옹기
111 풀문화	112 한국의 무속	120 탈춤	121 동신당	129 안동 하회 마을
140 풍수지리	149 탈	158 서낭당	159 전통 목가구	165 전통 문양
169 옛 안경과 안경집	187 종이 공예 문화	195 한국의 부엌	201 전통 옷감	209 한국의 화폐
210 한국의 풍어제				

고미술(분류번호 : 102)

20 한옥의 조형	21 꽃담	22 문방사우	23 고인쇄	24 수원 화성
25 한국의 정자	26 벼루	27 조선 기와	28 안압지	29 한국의 옛 조경
30 전각	31 분청사기	32 창덕궁	33 장석과 자물쇠	34 종묘와 사직
35 비원	36 옛책	37 고분	38 서양 고지도와 한국	39 단청
102 창경궁	103 한국의 누	104 조선 백자	107 한국의 궁궐	108 덕수궁
109 한국의 성곽	113 한국의 서원	116 토우	122 옛기와	125 고분 유물
136 석등	147 민화	152 북한산성	164 풍속화(하나)	167 궁중 유물(하나)
168 궁중 유물(둘)	176 전통 과학 건축	177 풍속화(둘)	198 옛 궁궐 그림	200 고려 청자
216 산신도	219 경복궁	222 서원 건축	225 한국의 암각화	226 우리 옛 도자기
227 옛 전돌	229 우리 옛 질그릇	232 소쇄원	235 한국의 향교	239 청동기 문화
243 한국의 황제	245 한국의 읍성			

불교 문화(분류번호 : 103)

40 불상	41 사원 건축	42 범종	43 석불	44 옛절터
45 경주 남산(하나)	46 경주 남산(둘)	47 석탑	48 사리구	49 요사채
50 불화	51 괘불	52 신장상	53 보살상	54 사경
55 불교 목공예	56 부도	57 불화 그리기	58 고승 진영	59 미륵불
101 마애불	110 통도사	117 영산재	119 지옥도	123 산사의 하루
124 반가사유상	127 불국사	132 금동불	135 만다라	145 해인사
150 송광사	154 범어사	155 대흥사	156 법주사	157 운주사
171 부석사	178 철불	180 불교 의식구	220 전탑	221 마곡사
230 갑사와 동학사	236 선암사	237 금산사	240 수덕사	241 화엄사
244 다비와 사리				

음식 일반 (분류번호 : 201)

60 전통 음식   61 팔도 음식   62 떡과 과자   63 겨울 음식   64 봄가을 음식
65 여름 음식   66 명절 음식   166 궁중음식과 서울음식   207 통과 의례 음식
214 제주도 음식   215 김치

건강 식품 (분류번호 : 202)

105 민간 요법   181 전통 건강 음료

즐거운 생활 (분류번호 : 203)

67 다도   68 서예   69 도예   70 동양란 가꾸기   71 분재
72 수석   73 칵테일   74 인테리어 디자인   75 낚시   76 봄가을 한복
77 겨울 한복   78 여름 한복   79 집 꾸미기   80 방과 부엌 꾸미기   81 거실 꾸미기
82 색지 공예   83 신비의 우주   84 실내 원예   85 오디오   114 관상학
115 수상학   134 애견 기르기   138 한국 춘란 가꾸기   139 사진 입문   172 현대 무용 감상법
179 오페라 감상법   192 연극 감상법   193 발레 감상법   205 쪽물들이기   211 뮤지컬 감상법
213 풍경 사진 입문   223 서양 고전음악 감상법

건강 생활 (분류번호 : 204)

86 요가   87 볼링   88 골프   89 생활 체조   90 5분 체조
91 기공   92 태극권   133 단전 호흡   162 택견   199 태권도

한국의 자연 (분류번호 : 301)

93 집에서 기르는 야생화   94 약이 되는 야생초   95 약용 식물   96 한국의 동물
97 한국의 텃새   98 한국의 철새   99 한강   100 한국의 곤충   118 고산 식물
126 한국의 호수   128 민물고기   137 야생 동물   141 북한산   142 지리산
143 한라산   144 설악산   151 한국의 토종개   153 강화도   173 속리산
174 울릉도   175 소나무   182 독도   183 오대산   184 한국의 자생란
186 계룡산   188 쉽게 구할 수 있는 염료 식물   189 한국의 외래·귀화 식물
190 백두산   197 화석   202 월출산   203 해양 생물   206 한국의 버섯
208 한국의 약수   212 주왕산   217 홍도와 흑산도   218 한국의 갯벌   224 한국의 나비
233 동강   234 대나무   238 한국의 샘물   246 백두고원

미술 일반 (분류번호 : 401)

130 한국화 감상법   131 서양화 감상법   146 문자도   148 추상화 감상법   160 중국화 감상법
161 행위 예술 감상법   163 민화 그리기   170 설치 미술 감상법   185 판화 감상법
191 근대 수묵 채색화 감상법   194 옛 그림 감상법   196 근대 유화 감상법   204 무대 미술 감상법
228 서예 감상법   231 일본화 감상법   242 사군자 감상법